JN162554

井筒俊彦

英文著作翻訳コレクション

老子道徳経

TOSHIHIKO IZUTSU

Lao-tzŭ: The Way and Its Virtue

古勝隆一——訳

慶應義塾大学出版会

老子道徳経　目次

序　老子と『道徳経』　3
道経（第一章―第三十七章）　17
徳経（第三十八章―第八十一章）　117
訳者解説　231
訳者あとがき　251
索　引　*1*

凡　例

底本について

一、本書は、Toshihiko Izutsu, *Lao-tzŭ: The Way and Its Virtue*, Keio University Press, 2001の全訳である。同書は、未刊行であった井筒俊彦による『老子』の英訳手稿を翻刻し、原文（漢文）を加え対訳の形式で出版したものである。

二、『老子道徳経』原文は、明和七（一七七〇）年刊、宇佐美灊水校訂『王注老子道徳経』に依拠した。

三、このたびの翻訳にあたり新たに原文を修正した部分がある。その異同などは、適宜訳注に注記した。

本書について

一、新たに原文の下に訓読を示した。宇佐美灊水が校訂した際に付したような伝統的な訓読に従うというよりは、井筒の英訳における解釈に沿うように新たに構成した訓読である。仮名遣いは新仮名遣いによった。

二、井筒の英訳中の（　）には訳文中でも（　）を用いた。〔　〕は本書の訳者が文意を補うために加えたものである。イタリックによる強調は傍点で示し、引用符は「　」で示した。

三、井筒の英訳は、いくつかの『老子』の措辞を大文字で表記している。たとえば、Way（「道」）やVirtue（「徳」）、One（「一」）など。本書では、それぞれ〈　〉を用いて、〈道〉〈徳〉〈一〉などと表記した。

四、訳文の行の間隔については、底本を基とし、手稿も参考にして定めた。

五、「序」に補足説明として訳注を附した。

六、新たに訓読索引と事項索引を作製した。

老子道徳経

序　老子と『道徳経』

一

『道徳経《どうとくきょう》』（*Tao Tê Ching*）という名で広く知られる著作は、五千を少しばかり超える語――より正確に言えば五千の漢字――で書かれた短い書物である。[1]実に驚くべきことに、二千年以上も昔に中国で著述もしくは編集されたこの小冊子は、極東における精神文化の形成において、まことに決定的な役割を果たし、〈極東的な考え方〉の内的構造に拭い去れない影響の痕跡を遺している。中国と日本では、この書物は歴史を通じてたいへん親しまれており、その精神はあらゆる文化生活の隅々にまで浸透している。

永遠の〈真理〉についての書物として、存在の究極の形而上的真実《リアリティ》たる〈道《タオ》〉の言語的現出として、『道徳経』が、道教徒《タオイスト》として知られる人々――自分たちがこの書物の作者とされる老子の教えの正統な継承者であると考え主張するすべての人々――によって、終始、最高の評価と畏敬の念をもって継承されてきたのは、まったく自然なことであろう。事実、道教徒たちの目に、『道徳経』はこれまで、そして今でもなお〈聖典〉としてある。また彼らによくみられる想像によると、老子は、不老不死と永遠不滅の存在という道教の理想を体現する、神的な人物なのだ。これについては、老子をめぐって早くも古代において作り上げられた有名な伝説の一つに、年老いたこの哲人が、その書物〔『道徳経』〕をまとめると、祖国を後にして西方へと旅立ち、そしてその後、完全に消息を絶ったとする話があることを思い出すのがよかろうか。[2] この伝説も、また老子に関するその他のどの伝説も、その死について語らないことが、まことに重要である。老子は、ただこの世から姿を消しただけなのだ。

しかしながら、彼ら道教徒だけが、偉大な〈師〉として老子を仰ぐ唯一の人々だというわけではまったくない。道教の枠をさえ超えて、宗派や流儀にかかわらず、多数の中国や日本の人々が、老子の中に、普通の人間には絶対的に到達できない事物の存在論的な謎を知り、〈有〉の超越的な秩序への密接な参入に生きる、はかり知れない精神的な深さをそなえた哲人の姿を見て取るのだ。こうして見ると、『道徳経』は、日常世界の喧噪を超えて、形而上的静謐や静けさのある世界を希求する人々に向けて発せられた、哲人の宣託なのである。言い換えれば、それは一人の哲人によって書かれた〈智慧〉の書物である。その哲人は、自分自身が〈タオ〉つまり〈道《みち》〉と呼ぶ〈有〉の究極的な源泉と土壌とに一体化し、しかもその高みから形而下の世界、すなわち現象世界の全貌を視野に収めて見わたしながら、象徴的なイマージュの数々を通して、その預言者的ヴィジョンを表現したのである。

この目的のために用いられる象徴的なイマージュの数々は、根源的で、独特で、しかもきわめて力強い。それらは、哲学的な洞察と詩的な美とが特有のかたちで結びついた姿である。かくして、中国や日本の一流の思想家、芸術家の一群を、『道徳経』の熱烈な支持者へと変えてきた、微妙でありながらも人を引きつける、老子の文体の魅力が生まれた。これらの二国において、この小さな書物が思想・詩・絵画・彫刻・工芸の発展に及ぼした影響は、実に、はかりえないほどの広がりと深さを持つ。

『道徳経』におけるいくつかの重要な観念の影響は、宗教と宗教哲学の分野において、とりわけ顕著である。たとえば最も分かりやすい例を挙げるならば、大乗仏教は、西暦の初年頃、ペルシア文化の大規模な伝播流布の一環として、中央アジアを通って中国に導入されたものだが、それは道教を介することによってのみ、中国に確乎とした基礎を確立することができた。中国における仏教の確立、発展、普及をもたらした、道教とのこの強い結びつきの重要性は、二世紀にまで遡る非常に興味深い伝説の存在がそれをよく示してくれる。それは老子をブッダの師として描くものである。[3]

この話はもう一つの伝説に基づくが、それは、古代において老子の正統的な伝記の一部として広く知識層にまで受容されたもので、すなわち年老いた老子が「西方」へと旅したことについての上述の伝説である。古代の中国人の考え方では、「西方」とはほとんどの場合、中央アジアとインドを指していた。つまり、老子は西方に向かって旅してインドに到達し、そこで数々の卓越したインド人たちが老子の周りに集まってきて、老子から〈道《タオ》〉についての教えを受けた、という考えである。ブッダはといえば——とその話は続くのだが——その中国の哲人〔老子〕の個人的な導きのもと、啓蒙を受けたインド人たちの一人だった、というのだ。

この伝説があからさまな作り話だということは誰の目にも明らかだろうが、しかし、その鮮やかなまでに絵画的な描写によって、中国人の間に仏教を伝播するうえで老子の思想がどれほど重要であったかを示している。仏教的インドと中国とを哲学的に繋ぐ媒介として、〈空〉śūnya もしくは〈虚性・空性〉śūnyatā の概念が中国の知識層に理解されるための道を用意するという、きわめて重要な役割を担ったのは、老子の思想であった。それ〔「空」もしくは「空性」〕は論ずるまでもなく、大乗仏教のすべての哲学的な鍵概念のうち最重要のものであり、また最初に般若（〈超越的な智慧〉の意）経典の翻訳を通して、中国に導入されたものだった。当初、「空」（もしくは「空性」）は中国人にとってはただただ風変わりで、理解不能な、そして奇怪な観念であって、それ自体ではまったく〈中国人の考え方〉に訴えなかった。「空」が老子流の「無」（〈無い〉もしくは〈無いこと〉）と同一視され、後者の意味に拠って理解されるようになって初めて、仏教的形而上学の核としての〈空〉が、中国人の知的または精神的な想像力をとらえうるようになったのだ。[4] ひとえにこの中国化された形式によってこそ、

「空」の哲学的世界観は、中国文化の内部構造にまで浸透することができたのである。このように理解された「空」は、日本人の精神性の哲学的な発展にも決定的な影響を及ぼした。

「〈東洋の無〉」は、中国と日本の精神文化を特徴づける最も際だった特色だとしばしば言われる。この際、それを仏教、とりわけ禅に帰結させようとしたがる。たしかに禅は〈東洋の無〉として今日《こんにち》知られるものの発展に多大な貢献をした。しかし、この観念が洗練を経る過程において、最初は中国で、その後に日本で、それ〈〈無〉〉が極東の思想をなす主要な一要素となるまで、『道徳経』が占めてきた根本的かつきわめて重要な役割を決して見失ってはならない。

今日、日本に道教徒を名のる人は事実上いない。日本人にとって、道教は生きた宗教ではないのだ。しかしそれにもかかわらず、何十万人もの知識人が『道徳経』と呼ばれる小さな書物を熱心に読み、それを哲学的にばかりでなく、文献学的にも研究し、さらに意識的にせよ無意識的にせよ、彼らの日常生活の洗練された側面において老子の思想を実践することにいそしんでいる。『道徳経』の精神は、日本人の美的な経験の中で、微妙なかたちでしっかりと生きている。それは彼らの情緒や感覚や思考を決定する要素として、力強く息づいているのだ。

二

上に示したようなその文化的重要性にもかかわらず、またその極東における並々ならぬ親しまれ方にもかかわらず、『道徳経』は深い神秘に覆われた書物である。

そもそも、この書物の著者と伝えられている老子が、神秘的で謎めいた人物である。古代中国における伝説的な哲人であり、神話や作り話の濃い霧に覆われた素性の知れない人物なのだ。老子という名前は、字義的には〈年老いた師匠〉を意味するにすぎない。歴史上実在した人物かどうかすら分からない。そして、たとえ老子が実在の人物だったと仮定しても、いつ、どこに生きたのかについては完全に闇の中である。

漢王朝の歴史家として世に名をはせる司馬遷（前一四五—八七）によって書かれた『史記』の「老子列伝」が、まったく伝説的な性格を持っていることからも明らかなように、老子は紀元前一世紀の初頭には、すでに神話的人物であった。司馬遷は、その並外れた洞察力と明晰な批評精神をもってしても、老子の生涯を取り上げるにあたっては、あたかもそれらの伝説が根っから互いに話が噛み合わないことになど気づかなかったかのように、断片的な資料に基づくいくつかの伝説を並べて〔伝記を〕再構成するほかはなかった。[5] その上、象徴的な何らかの意義を除けば、それらの話のどれも、私たちが真に受けるような類ではない。

しかし、これらの外典的性格を持つ話のうちの一つは、[6] 古代中国の人々の間で広く受け容れられるようになり、そして何世紀もの間、この哲人の正式の伝記として通用した。この話型によれば、老子は南方の楚の国の小さな村（現在の河南省）の出身で、周の国で王朝の文書をあつかう官職に就いていた。孔子より年長の同時代人であったが、それは彼が紀元前五〇〇年前後に生存していたことを示唆する。老子は儀礼や儀式の権威として著名で、その高名さゆえに、孔子その人でさえ、礼の作法について老子の指導を受けるべく、骨を折って周に赴き、老子のもとを訪ねたという。[7] その結果、老子は孔子に見て取った傲慢さ、野心、無節制な貪欲さなどの倫理的な欠点について、少しばかりの実践的な助言を与えただけで帰らせたと言われている。孔子のほうは、老子の人格に深く心を動かされ、自分の門弟たちに向かって、老子を人間の龍だと評した。孔子は言った、「私には分かった。鳥は飛ぶことができ、魚は泳ぐことができ、獣は走り回ることができる。走り回るものは罠で捕らえられる。泳ぐものは釣り竿と釣り糸で捕らえられる。飛ぶものはいぐるみで捕らえられる。しかし、龍というものは、風と雲に乗って天へと上がっていき、自分の知っているやり方では決して捕らえることができない。私は今日、龍とも称すべき老子にお目にかかった」と。

このように、人々に親しまれてきた伝説によれば、老子は紀元前六世紀の人物であり、老子と孔子との個人的な出会いがあったことになる。しかし文献学的には、それは事実でありえない。『道徳経』自体が、その伝説と食い違う、反論不能の内部徴証を示している。というのは、この書物における最も重要な哲学的主題の多くは、直接的かつ明確に、孔子や儒教の主要な思想に対抗するものだからだ。『道徳経』の著者は、すでに十分に確立されていた儒教の伝統を完全に意識している。この事実は、〈道《タオ》〉(Way)と〈徳〉(Virtue)という二つの鍵概念に関連して最も顕著に現れており、それらはまさにこの書物の書名、すなわち『道徳経』——「道と徳とについての聖典」——に見えるのだ。

事実、孔子は——そしてこれは儒教一般であっても同じことだが——しきりに「道」を話題にする。たとえば「〈天〉の道」や「人の道」がそれである。[8] 老子は自身の「道」のとらえ方を述べるが、それは儒家の「道」とは極立って対照的で、後者〔儒家の「道」〕は単に「道」という言葉にうまく適合するような類の「道」にすぎないと言っている。それは永遠の(あるいは絶対の)〈道〉ではありえず、永遠の〈道〉とは、〈有〉の世界全体の形而上的な〈根源〉であらねばならないと、老子は主張する(第一章を参照)。

老子によれば、ある言葉、たとえば「名」を用いて呼ぶもの、または呼びうるものには何であれ実体がない。孔子は、ものの存在論的な本質を指し示すものとして、名に大いなる重要性を付与しているが、[9] 逆に老子はそれらを、永遠に境界がなく絶対的に無分節である〈真実〉に対して境界線を引くものであり、したがって単なるものの歪曲でしかないと見る。〈道《タオ》〉とは、老子にとって、名が無いものである。すなわち〈名無きもの〉または〈無名〉(第一章を参照)なのだ。『道徳経』の中の数々のくだりは、「道」と「名」の問題に関して、孔子および儒教に対する徹底的な批判を意図するものである。

これとまったく同様の見方が、tə̂ すなわち「徳」の概念にも当てはまる。よく知られるように、儒教は本質的に、そのいくつかの枢要徳(徳)に対する認識から発し、[10] それらに拠って立つ道徳哲学であり、[11] そのうち最重要の徳は「仁 jên」、すなわち「仁愛」である。「仁」は人にとっての最上の美徳であるばかりでなく、〈天〉そのものにとっても至上の美徳なのだ。老子は断固としてこのような観点を否定する。天は慈善的ではないし、聖人〈すなわち、〈道〉を人として体現した〈完全な人〉のこと〉もそうではないと、老子は言う。「仁」ばかりでなく、いわゆる儒教の枢要徳とは、どれもつまらない者たちの考え方によって恣意的に「最高の美徳」として定め置かれた、つまらない価値観以外の何ものでもない。実のところ、それらは美徳でも何でもない。それらはみな〈自然〉に反するところへと向かうのだから。〈自然〉に反するところへ向かうものは、何であれ人間にとって有害でしかない。こういったものや、それに類した人工的な「美徳」の出現こそが、老子の観点によれば、〈道〉の真実が誤って表現されている明白な証拠なのだ。「大いなる〈道〉が廃れた時、仁と義とが生ずる」と老子は言う（第十八章および第三十八章を参照）。

儒教の「徳」の概念に抗《あらが》い、老子はみずからの「徳」を掲げるが、それによれば「徳」とは〈道〉の自然な創造性とその結果である。より具体的に言えば、「徳」とは〈無分節〉が自己分節する過程、もしくは〈無名〉が自己に命名する過程であり、それによって万物が〈道〉の何かをそれぞれ自身のうちに体現しつつ、現象界の存在となるものなのだ。

このように、『道徳経』の哲学は意識的に孔子と儒教とに矛先を向けたものであり、また従って、思想的流派として十分に確立した儒教の歴史的存在を前提としていることが明らかであろう。これは当然、『道徳経』の著者としての老子が、紀元前六世紀の人物ではありえないことを暗に意味している。[12]

老子哲学の最重要の概念ですら儒教を前提としているという上述の事実からはやや話がそれるが、『道徳経』の中に、戦国時代（紀元前四八〇―二二一）に栄えた多様な哲学的流派を代表するものの見方への多くの直接的、間接的な言及があり、それらのすべてを単純に後代の増補や改変だと説明してすますのはいささか難しいことに、注意しなければならない。以上のことや、そしてさらに他の文献学的な事実――ここでそれらを挙げる必要はないが――を勘案すれば、老子をもし歴史上の人物と考えるならば、紀元前四世紀に下げて考えるのが無難だと考えられる。しかし一言述べておくと、現在、『道徳経』の著者としての老子の実在をはっきりと否定する学者が数多くいる。この問題は、実在を誰もが疑うことのない『道徳経』の成書年代の問題を議論する以下の節で、また続けて取り上げることになろう。

三

人々にとって馴染み深い想像の中の老子の周辺をぎっしりと取り囲んでいる伝説、神話や作り話の断片を横に置けば、老子が何者であり、どの時代に属するのかについては、我々は完全に闇の中に残される。これまで見てきたように、老子が中国のどこかに、歴史上のどこかの時点に、実在人物として存在したのかさえ確かではないのだ。このことは、それ自体否定的な事実のようにも見え、また実際そうでもある。しかし、この見かけ上否定的な事実には、はるかに重要な肯定的一面がある。

これとの関連において、『道徳経』一書全体を通じて、固有名詞がただの一つも見当たらないことを、忘れてはならない。[13] 一つの人名も一つの地名も、である。古代中国には歴史的人物や具体的に実在した場所の名前に言及しない書物は事実上ないことから、これは、非常に重要である。

『論語』は、孔子の言行についての名高い記録だが、この点では『道徳経』とは正反対の表現をとっている。『論語』は実際、その文脈の場が、孔子自身はもちろんのこと、その弟子、知人、王侯、大臣たちといった、孔子の周辺にいた実在人物の記述で文字通り満ちているという意味において、鮮明に生き生きとしている。それらにはみな現実感がある。しかもこれらの人名に加えて、孔子が実際に訪れ、あるいは孔子やその弟子たちが住んだ国々や地方や村々に、この書物は言及している。

〔『道徳経』と並ぶ〕もう一つの道家哲学の代表作である『荘子』は、多分に神話形成的な想像の産物であり、それゆえにそこには神話上、想像上の人々が登場し、紀元前四世紀から三世紀の史実の具体的次元にまで落とし込むことはできない。その『荘子』でさえ、弁証家の恵子や弁論家の公孫龍のような数々の実在人物に言及している。

対照的に、『道徳経』にはそのような個人を特定する具体性はまったく見受けられない。『道徳経』の著者とされる老子に個人を特定する具体性をまったく欠く以上、どうしてそこに人格的な具体性が生じえようか。老子は、時空の条件付けを免れえない具体的な物事や出来事にはまるで関心がないかのようだ。老子が関心を抱いているのは観念であり、あらゆる時空の制限を超えた永遠の観念である。彼が関心を抱いているのは、実在する人や物や場所ではなく、これらの現象的な形や名の背後あるいは彼方に横たわっている〈何か〉なのである。それは、〈有〉の存在の深みから、永遠の、元型的なイマージュの姿をとって自然と生じてくるからだ。

四

しかしながら、老子の「非人格的」な性格について先ほど述べたことは、老子（または老子の著作とされている『道徳経』という書物）が、いずれの観点においても、いずれのニュアンスにおいても、非人格的であるという意味に受け取るべきではない。かえって反対に、『道徳経』はある意味、きわめて人格的な性格に富む書物なのである。この書物の「人格的」な性格は、まず何よりも、老子が一人称を用いて語ることに起因する。この書物全体を通じて、発話の主体は常にどの部分においても「私」である。そしてこの場合の「私」とは、ある個人の経験的なもろもろの体験の中心にある自我ではなく、自我を失った人の持つ実存的意識のことであって、その人は「名のある」自己としての自我を失って、いまや〈無名〉と完全に同一となった存在である。それは言い換えれば、〈自然〉そのものの創造的なはたらきと調和して存在し、そして動く、名無き〈自己〉を指す。この名無き〈自己〉は、個的な自我の全面的否定という基礎の上に立っているため、名を持つ次元の彼方にある〈有〉の形而上的次元においてのみ現れるものであり、『道徳経』においては、一人称というかたちで姿を現すのだ。それゆえ、注目すべき固有の人格的具体性が、この書物を貫いているのである。

この意味において『道徳経』は、特徴的に独白の作品であり、実に独白以外ではありえない。たった一つの固有名詞をも含まない書物の性質が、特別な「私」によって発せられた特別な言葉であることは、まことに重要だ。そしてこれはまた『道徳経』が、形式上は断片的な言辞と格言体の文章の寄せ集めであるという事実にもかかわらず、著しく高い水準で内的一貫性を示している理由に違いないのだ。というのは、この書物の中で一見まったく異なる要素すべてが、人格的な統一体としての「私」によって、有機的な全体性へと美しく編み上げられている。その「私」とは、名無き〈真実〉と完全に一体化した名無き〈自己〉の存在についての具現である。この意味で、『道徳経』ははっきりとある一人の作者の著作なのだ。

五

『道徳経』の著者が誰であるのか、そしてどのくらい信頼できるのかという問題をめぐっては、中国思想史を専門とする学者の間に幅広い意見の相違が見受けられる。ある学者は老子の史実性を否定するまでに至り、『道徳経』が単に異質の資料に基づくばらばらの言辞の寄せ集めにすぎないという説をとる。[14] しかしながら、これまで見てきたように、『道徳経』は大体において、非凡な思想家——その思想家が誰であれ——の一貫した思想を表現した著作と正当に認められる、確かな面もある。もっともこのテクストが、おそらくは漢代あたりにおいて、今日我々が読むのと同じかたちをとるに至るまで、[15] 何人もの編輯者や編纂者たちの手によって、一連の編輯、再編輯、増補、改訂、また時には抜本的な改変まで経てきたことは、かなり明らかであって否定しようがないが。

また、我々がまさにこの書物を認識するところの書名『道徳経』の命名について言えば、いささか時期が後れ、紀元二世紀に遡るにすぎない。[16]

この翻訳は、名高い道家哲学者、王弼《おうひつ》（二二六―二四九）によって確定された、彼の『道徳経』注に用いられたテクストに基づいて作成した。このテクストが、『道徳経』の〔諸本のうち〕伝統的に受容されてきた本を代表するばかりでなく、道教思想の発達過程において、夥《おびただ》しい数の注や疏が、このテクストの上に積み重ねられてきたという事実にその重要性がある。[17] 有名な『道徳経』の石碑が七〇八年に作られ、今でも河北省のある道教寺院に伝存しているが、[18] それは我々のテクストの信頼性を証すると同時に、唐代において中国の知識人たちに読まれていたとおりのかたちで『道徳経』を本書が読者に提供していることを証する。

しかし、ことによると、述べておくべきさらに重要なことは、以下の通りである。むろん、それほど問題にならないテクストの異同が少々あるにはあるものの、『道徳経』はまさにこのかたちで、約二千年もの間、思考や感性の最も基本的な型の一つを形成し洗練しつつ、〈中国人の考え方〉に活潑にはたらきかけてきた、ということだ。老子の思想は、このテクストもしくはほぼ同類の『道徳経』のテクストによって、〈日本人の考え方〉にも深く刻み込まれている。[19]

『道徳経』は、主に格言的な性質の短文から成っており、その構成要素をほぼ無限にさまざまに配列しうる理論上の可能性をそれ自体に含んでいる。そして近代では、このことが、中国や日本はもとより西洋においてさえ、同書各章の内容の再配列について多種多様の試みを行うことに多くの漢学者を駆り立てている。[20]

しかしながら、それらの理論的な試み――それらはしょせん臆測によって成り立っている――よりもはるかに有意義なことは、紀元前二世紀中頃に遡る『道徳経』の実物テクストの重要な遺物が近年発見されたことである。[21] これらの漢代のテクストは、一九七三年、湖南省の馬《ば》王堆《おうたい》の名で知られる墓の中から発見された。これらのテクストには、伝統的に受け継がれてきたテクストとかなりの違いがあり、『道徳経』のテクストが当時いまだ流動的な状態にあったことを示している。[22] この漢代のテクストの精密な研究――少なくとも完成に二、三年を要する研究――は[23]、おそらく『道徳経』および老子の思想についての我々の見方を、少なくともある程度までは変えることになるのは疑いない。

しかしながら、繰り返さなければならないのは、まさしく我々がここに訳出したテクストを通してこそ、老子は、過去何世紀もの間、中国の文化と精神性の歴史的形成に貢献してきたのだ。極東文化の哲学的背景は、『道徳経』をこの特定のかたちで読むことを通してしか、適切に理解することはできないのである。

訳注

〔1〕この書物の書名は、『老子』『道徳経』『老子道徳経』『道徳真経』など、さまざまに呼ばれる。井筒はこの序文において、『道徳経』の名称を用いているが、これは英米圏における一般的な呼称に従った面もあろう。

〔2〕この話は、『史記』老子列伝に「周の衰えたるを見て、乃ち遂に去る。関に至り、関令の尹喜《いんき》曰く「子、将《まさ》に隠れんとす、彊《し》いて我が為に書を著せ」、と。是に於いて老子、乃ち書上下篇を著し、道徳の意、五千余言を言いて去り、其の終わる所を知る莫し」と見える。

〔3〕魚豢《ぎょかん》『魏略』の佚文《いつぶん》に「老子は西のかた関を出で、西域の天竺を過ぎ、胡に教う。浮屠《ふと》は弟子に属す」とあるのが古い。いわゆる「老子化胡」説話の原型である。これはおそらく、三世紀ごろの文章であるが、二世紀にその萌芽が見られる。福井康順「老子化胡経」(『道教の基礎的研究』、書籍文物流通会、一九五二年)に詳しい。

〔4〕中国の固有思想によって仏教を解釈する、いわゆる「格義仏教」のことを言う。塚本善隆『中国仏教通史』第一巻(春秋社、一九七九年)に、格義仏教に関する解説がある。

〔5〕『史記』老子列伝には、老聃《ろうたん》の伝記のほかに、老莱子、周太史儋などのことが書かれており、老聃とそれらとの関係が不明瞭で、津田左右吉『道家の思想とその展開』(岩波書店、一九三九年。のち『津田左右吉全集』第十三巻、岩波書店、一九六四

年）などによる史料批判がある。

〔6〕『史記』老子列伝の冒頭部分に、「老子なる者は、楚の苦県《こけん》の厲郷《れいきょう》の曲仁里の人なり。姓は李氏、名は耳、字は耼、周の守蔵室の史なり」と始まる、老耼の伝記を指す。

〔7〕この説話も『史記』老子列伝に見えている。

〔8〕『論語』に即して言うならば、里仁篇に「吾が道は一以て之を貫く」というのは、人の道に相当するだろう。天の道については、同書の公冶長《こうやちょう》篇に引く子貢の言葉に「夫子の性と天道とを言うは、得て聞くべからざる也」とあり、孔子は天道について語らなかったと伝えるが、孔子学派の内部において、天道への関心が持たれたことは確かであろう。

〔9〕これは「正名思想」と近代の学者が呼ぶ孔子の思想を指す。『論語』子路篇に引く孔子の言葉、「必ずや名を正さんか」に基づく。井筒『意識と本質』の第十二章に、これに関する詳しい考察がある。

〔10〕「徳目」と呼ばれるもので、複数の徳を組み合わせてまとめたもの。たとえば『論語』学而篇には「温、良、恭、倹、譲」の組み合わせが見える。

〔11〕たとえば『孟子』公孫丑《こうそんちゅう》上篇には、仁、義、礼、智の四つの徳が挙げられている。

〔12〕儒教は孔子（紀元前五五二―四七九）によって生み出されたものであり、それが十分に成熟するのはその死後であるから、老子が孔子の同時代人ではありえない、ということである。

〔13〕第三十二章と第六十六章に、それぞれ「江海」という語が見えており、この「江」が長江に当たるとする説がある。第六十六章の井筒の訳注1を参照。

〔14〕たとえば、前述の津田左右吉『道家の思想とその展開』など。

〔15〕『史記』老子列伝に「老子、乃ち書上下篇を著し、道徳の意、五千余言を言う」とあるので、司馬遷の頃には、二篇、五千字ほどからなる書が形成されていたことが見て取れる。また、以下の文章に言及のある前漢初期に書写された馬王堆帛書《はくしょ》も、現行本と根本的に異なるとは言えない。

〔16〕劉向《りゅうきょう》『列仙伝』に老子の伝があり、「『道徳経』上下二巻を作る」と見えている。劉向は紀元前一世紀の人だが、『列仙伝』は実は劉向の編纂物ではなく、宋代の黄思伯『東観余論』は、後漢時代の著作であるという。こういった説に基づく推論であ

ろう。

〔17〕現行本へと連なる『老子』の伝本は二種類あり、一つはこの王弼注本、もう一つは河上公注本と呼ばれるテクストである。

〔18〕唐の景龍二年（七〇八）、易州（今の河北省保定）の龍興観という道教寺院に立てられた『老子』本文の碑文、「景龍二年易州龍興観道徳経碑」のこと。

〔19〕日本における『老子』受容の様相については、武内義雄「日本における老荘学」（『武内義雄全集』第六巻、一九七七年、所収）に詳しい。

〔20〕たとえば、武内義雄『老子原始』（弘文堂、一九二六年。のち『武内義雄全集』第五巻、一九七七年、所収）などで、『老子』の章の並べかえや再編輯を通じた「復原」研究が試みられている。

〔21〕馬王堆帛書『老子』甲本・乙本と称される二種のこと。それぞれ部分的な欠落がある。なお、甲本は前漢のごく初期の写本、乙本は前漢初期の写本であるから、この部分、「紀元前二世紀初め」と言うのがより正確であろう。

〔22〕たとえば現行本の『老子』は、「道経」（第一章から第三十七章まで）が先に置かれ、「徳経」（第三十八章から第八十一章まで）がその後に置かれているが、馬王堆帛書本は二種とも、「徳」篇を「道」篇の前に配置しているなどの違いがある。また、章の順序が違うところが一部ある。

〔23〕馬王堆帛書『老子』に関する研究成果として、現在では高明『帛書老子校注』（中華書局、一九九六年）、池田知久『老子』（東方書店、馬王堆出土文献訳注叢書、二〇〇六年）などがある。

道経

第一章

道可道　非常道
名可名　非常名
無名天地之始
有名萬物之母
故常無　欲以觀其妙
常有　欲以觀其徼
此兩者　同出而異名
同謂之玄
玄之又玄　衆妙之門

道の道とすべきは、常の道に非ず。
名の名とすべきは、常の名に非ず。
名無きは天地の始めなり。
名有るは万物の母なり。
故に、常なる無に、以て其の妙を観《み》んと欲し、
常なる有に、以て其の徼《きょう》を観んと欲す。
此の両《ふた》つの者は、同じきより出で而して名を異にす。
同じきものは之を玄と謂う。
玄の又た玄、衆妙《しゅうみょう》の門なり。

「道」（という言葉）によって示されうるような道は、永遠の(1)〈道〉(2)ではない。
「名」（という言葉）によって示されうるような名は、永遠の〈名〉ではない。(3)(4)

〈名無きもの〉は、天地の始め。[5]
〈名有るもの〉は、万物の母。[6]

それゆえ、永遠の[7]〈無〉の状態の中に、人は〈道〉の神秘なる真実を見る。[8]
永遠の〈有〉の状態の中に、人は〈道〉の帰結を見る。[9]
この二つのあり方は、起源において一つであり等しい。しかしいったん外に出ると、(二つの)異なった名前を帯びるのだ。[10][11]
(原初の状態において)等しいものである時、それは〈神秘〉と呼ばれる。[12]
まさにそれは、さまざまな〈神秘〉の中の〈神秘〉である。そしてそれこそが、無数の驚異の出で来る門なのだ。[13]

注

(1)「永遠の〔原文「常」〕」、真の、絶対的な。
(2) **別解**「語りうるような道は、永遠の〈道〉ではない」。
(3) **別解**「名付けられうるような名は、永遠の〈名〉ではない」。それによって、ものとものとの間を区別するような名前は、実際生活の便利のために形成された、因習的な名前にすぎない。
(4) **別解**(この節全体についての)「本当に「道」と呼ぶに値する〈道〉は、通常の道ではない。本当に

「名」と呼ぶに値する〈名〉は、通常の名ではない」。

(5)**別解**　「〈無〉（あるいは〈無いこと〉）とは、天地の始まりの名」。「始まり〔原文「始」〕」とは、究極的な根源、もしくは絶対的な形而上学的起源。

(6)**別解**　「〈有〉とは、万物の母の名」。「万物〔原文も同じ〕」というのは、この世のあらゆるものを指す、中国語特有の表現。老子の存在論の階層的構造のなかで、「天地」は「万物」よりも高次の（すなわち、究極的な状態である、〈神秘〉としての〈道〉に、より近い）段階を表現している。

(7)「永遠の〔原文「常」〕」、絶対的な。

(8)**別解**　「自分を完全に無欲な状態（すなわち、絶対的な内面的静謐）に保つことで、人は〈道〉の神秘なる真実を見出だすことができる」、もしくは「その（すなわち、〈道〉の）絶対的に無欲な状態（すなわち、存在論的平穏）において、人は〈道〉の神秘なる真実を見出だすことができる」。

(9)**別解**　「自分を無限に欲望を抱く状態に保つことで、人は〈道〉の確かなかたち（すなわち、現象上の多様性）を見ることができる」、もしくは「その（すなわち、その絶対的な欲望（すなわち、存在論的な創造性）の状態において、人は〈道〉の神秘なる真実を見る）」。

(10)**別解**　「二つの異なった名前」とは、無と有のことである。

(11)**別解**　「この二つは、一つで等しい根源から溢れ出るのだが、しかし〔二つの〕名前は異なる」。

(12)「神秘」、原文「玄」とは、もともと黒色に赤色を混ぜた色を意味する言葉。それは神秘なる深遠さ、現象上の多様性の奥にあり、しかもそれを超えて存在している、絶対的真実の完全な暗闇について言われたものである。

(13)「無数の驚異」とは、現象世界に姿を現すすべてのものごとを意味している。

第二章

天下皆知美之爲美　斯惡已
皆知善之爲善　斯不善已
故有無相生
難易相成
長短相較
高下相傾
音聲相和
前後相隨
是以聖人處無爲之事　行不言之教
萬物作焉而不辭
生而不有
爲而不恃
功成而弗居
夫唯弗居　是以不去

天下、皆な美の美為《た》ることを知る、斯《こ》れ悪なる已《のみ》。
皆な善の善為ることを知る、斯れ不善なる已。
故《まこと》に有無相い生ず。
難易相い成る。
長短相い形《あらわ》る。
高下相い傾く。
音声相い和す。
前後相い随う。
是《ここ》を以て聖人は無為の事に処《お》り、不言《ふげん》の教えを行う。
万物作《つか》われて而《しか》も辞せず。
生じて有せず。
為して而も恃《たの》まず。
功成りて而も居らず。
夫れ唯だ居らず、是を以て去らず。

第二章

天下の人々はみな美を美とみなし、そこに醜さが生まれる。
天下の人々はみな善を善とみなし、そこに悪さが生まれる。(1)

実に、有と無とは、互いを生じさせるもの。
難しさと易しさは、互いに補いあうもの。
長さと短さは、互いに対をなすもの。
高さと低さとは、互いに寄り添い合うもの。(2)
音と声とは、互いによって調和を保つもの。
前と後ろとは、互いにつき従うもの。

だからこそ聖人は(3)、無為の原則をしっかりと守り、不言の教えを実践するのである。(4)

万物が(聖人のまわりに)生まれるが、かの人はそれらを拒否しない。
かの人は万物を養うが、それが自分の持ち物だ、などとは言わない。
かの人は(偉大なことを)なすが、これは自分の仕事だといって自慢することはない。
かの人は自分の役割を果たすが、これは自分の手柄だといって固執することはない。

かの人は自分の手柄に固執しない。だからこそ、かの人の手柄は、決して自分のもとから離れはしないのである。[5]

注

（1）**別解**「天下の人々はみな美しいものを美しいものとみなす。しかしそれは、往々にして醜に他ならない。天下の人々はみな善いものを善いものとみなす。しかしそれは、往々にして悪に他ならない」。一般的に「美しい」とみなされているようなものは、実はただ相対的に美しいだけで、だからこそそれは「醜い」ともみなされうる、などとする考え方である。

（2）すなわち、それら〔「難しさ」「易しさ」などの対の性質〕は、〔対をなす〕もう一つの性質との関連において、正反対となる依存関係を形成する、ということ。それらは、互いに相対的な関係にある、ということ。

（3）すなわち、相対的な世界を超越した聖人のこと。

（4）言葉〔「言」〕は相対的な物事を示すことしかできないからである。

（5）**別解**〈聖人の態度を、〈自然〉のはたらきになぞらえつつ、〉「万物は（〈自然〉から）生まれるが、しかし自然は万物の邪魔をしない（もしくは、「しかし自然はそのことを自慢げに語ったりはしない」）。自然は（偉大なことを）行うが、しかし自分の仕事を自慢したりはしない。自然はその役目を成し遂げるが、しかし手柄に固執したりはしない。自然は手柄に固執することがない。だからこそその手柄は、そこから離れないのだ」。

第三章

不尚賢　使民不争
不貴難得之貨　使民不爲盗
不見可欲　使心不亂
是以聖人之治　虚其心　實其腹
　弱其志　強其骨
常使民無知無欲
使夫知者不敢爲也
爲無爲　則無不治

賢を尚《たっと》ばざれば、民をして争わざらしむ。
得難き貨を貴ばざれば、民をして盗《ぬすびと》為《た》らざらしむ。
欲すべきを見《しめ》さざれば、心をして乱れざらしむ。
是《ここ》を以て聖人の治は、其の心を虚しくして、其の腹を実たしめ、
　其の志を弱くして、其の骨を強くす。
常に民をして無知無欲ならしむ。
夫《そ》の知ある者をして敢えて為さざらしむるなり。
無為を為せば、則ち治まらざること無し。

（統治者が、）（いわゆる）「賢人」を高く評価することがなければ[1]、人々は互いに競いあうことから身を退《ひ》くだろう。

彼が、手に入れ難いような物品をありがたがらなければ、人々は泥棒をするような行いから身を退くだろ

う。

彼が、欲望を刺激するようなものごとを人にひけらかすことがなければ、人々の心は乱されることがあるまい。

だからこそ聖人は、人々を治める時、彼らの心をからっぽにさせつつ彼らの腹を満たし、彼らの意志を弱めつつ彼らの骨を強くさせる。

こういう仕方で、かの人は人々をいつも無知、無欲の状態にとどめる。かの「さかしらな人」に、邪魔するすきを与えぬように。(2)

かの人がこのように無為を実践するならば、この世はうまく治まる他ないのだ。

注

(1) これらの言葉は儒教徒に向けて発せられており、この問題に関する儒教の原則は、たとえば孟子が言うように、「賢者を尊び、能力ある者を起用する〔賢を尊び能を使う、『孟子』公孫丑篇上の語〕」というものであった。この儒家の考え方は、墨家にも共有されており、賢者や能力ある者が生まれや血縁に関係なく、重要な地位に着くべきだと彼らは考えた。

(2) 一見するとこの段落は、人々を完全に蒙昧な状態に保ち、統治しやすくする政策を、老子が唱えているような印象を与えるかもしれない。実はこの考え方は、孟子の同時代人で、戦国時代、政治思想の一学派を率いた慎到という人によって提唱された。この点についての着目を基礎として、この段落は、慎到の格言が老子『道徳経』のテクストに書き入れられたものとみなすべきだと考える学者もある。しかしながら、これは「無為」の原則の、政治の分野への実践的な応用と考えた方がよかろう。「彼らの心をからっぽにさせつつ彼らの腹を満たす」という表現は、この解釈によれば、次のように解釈されるべきであろう。人々が欲望や野心によって外部の世界に自分たちの心を向けさせるのを自然に辞めさせるよう、そのような方法で人々を統治することで、彼らの生命力を内部に保ち、人々は身体と精神とをいつも健全で元気よくいられる、というように。

第四章

道沖　而用之或不盈
淵兮似萬物之宗
挫其鋭
解其紛
和其光
同其塵
湛兮似或存
吾不知誰之子
象帝之先

道は沖《ちゅう》なり、而して之を用いるに或いは盈《み》たず。
淵《えん》として万物の宗《そう》なるに似たり。
其の鋭を挫く。
其の紛を解く。
其の光を和らぐ。
其の塵に同じくす。
湛兮《たんけい》として常に存するに似たり。
吾、誰の子なるかを知らず。
象は帝の先にあり。

〈道〉はからっぽの容器であるが、しかしいくら使ってもそれを満たすことはできない。(1)はかり知れないほど深遠で、それは万物の祖先のようでもある。(2)

それは、あらゆるものの鋭さを鈍らせる。
それは、あらゆるもののこじれたところを解きほぐす。
それは、あらゆるもののまぶしさを和らげる。
それでいて、道自体は、ものの塵の中に隠されている。(3)
深い淵の水のようで、(4)しかも〈何か〉がそこにいるかのようだ。(5)
私には、それが誰の子であるのか分からない。
しかしその〈像〉は、〈帝王〉の前から存在していた。(6)

注

(1)すなわち、いくら多くの水をその容器に注ごうとも、それは決して満たされることがない、ということ（すなわち、その容量が尽きることはないということ）。

(2)〔原文「宗」は〕すなわち、究極の根源のこと、Ursprung〔ドイツ語「起源」〕である。

(3)ある説によると、この四行は、自己の存在において〈道〉を体現した聖人の生き方を描いた表現が挿入されたものである、という（第六十一章を参照）。この段落を上のように理解すると、次のような訳になるだろう。

かの人は、自分の鋭さ（すなわち、知性の鋭さ）を鈍らせる。

かの人は、自分のこじれたところを解きほぐす（すなわち、理性的思考のこじれ）。かの人は、自分の輝きを和らげる（すなわち、かの人個人の輝き）。

そして、かの人は自分自身を（世俗の）塵同然とみなす。

（4）すなわち、表面には何も見えない、ということ。

（5）**別解**「深く、静かに、それ（すなわち〈道〉）はいつもそこにあるようだ」。

（6）すなわち、誰もそれは本当に何なのかを知らないが、しかし原始的な〈像〉として、それはこの世界の存在以前からそこにある、ということ。とすると、それは、原始的で神秘の〈像〉としてしか表現できないのだ。「〈帝王〉〔原文「帝」〕」という語により、初代の神話上の〈帝王〉〔伏羲のことか〕、もしくは〈天帝〉や〈神〉が意味されている。

別解「それは、〈帝王〉に先立ちすらするようだ」、もしくは「それは、かの人自身、〈天帝〉の先祖であるとさえ言えるかもしれない」。

第五章

天地不仁　以萬物爲芻狗
聖人不仁　以百姓爲芻狗
天地之間　其猶橐籥乎
虛而不屈
動而愈出
多言數窮
不如守中

天地は仁ならず、万物を以て芻狗《すうく》と為す。
聖人は仁ならず、百姓を以て芻狗と為す。
天地の間、其れ猶《な》お橐籥《たくやく》のごときか。
虚しくして屈《つ》きず。
動かせば愈《いよ》いよ出だす。
多言なれば数《しば》しば窮まる。
中を守るに如《し》かず。

天と地は、仁ではない。(1) それらは万物を藁の犬のように遇する。(2)
聖人は、仁ではない。かの人は人々を藁の犬のように遇する。
天と地との間は、橐籥《ふいご》のようなものなのだ。

それは、からっぽでありながら、尽きることがない。
動けば動くほど、ものが出てくる。
たくさんの言葉を発すると、しばしば枯渇してしまうことになる。(3)
からっぽの状態をしっかり守る方がよいのだ。(4)

注
(1)これは儒教に対して発せられている。儒家は「仁(仁愛、人間らしさ)」を天の世界、人の世界両方にわたる至高の徳とみなした。
(2)藁の犬〔原文「芻狗」〕は、特に宗教儀礼の際の捧げ物として用意される。儀礼の前には、それらは特別の注意をもって遇される。しかしいったん儀礼が終わると、投げ捨てられて、通行人に踏まれることになるのだ。
(3)すなわち、人間の内なる力の〔枯渇〕、ということ。
(4)「からっぽ〔原文「中」〕」とは、すなわち、不言、沈黙、ということ。
別解「(言葉を)自分の心の中にしまっておく方がよいのだ」。

第六章

谷神不死
是謂玄牝
玄牝之門
是謂天地根
綿綿若存
用之不勤

谷神《こくしん》は死せず。
是れを玄牝《げんぴん》と謂う。
玄牝の門。
是れを天地の根《こん》と謂う。
綿綿として存するが若《ごと》し。
之を用いれども勤《つ》きず。

〈谷の霊〉[1]は、不滅である。
それは、神秘なる〈牝〉と呼ばれる。[2]
　神秘なる〈牝〉への入り口。
それは天地の〈根〉と呼ばれる。

かろうじて目に見え、それは存在し続ける。
やむことなくそれははたらくが、それでも決して枯渇することはない。

注

（1）神的〈存在〉として人格化された谷は、〈道〉の原型的な像である。老子にとっての「谷」とは、うつろでからっぽな場所で、その内側が「水」という限りなく創造的な力によって満たされているものである。

（2）神秘なる〈牝〉、あらゆるものの〈母〉。〈道〉はここにおいて、神秘なる牝の〈動物〉として可視化されており、その牝のからだの始まりが、あらゆるものがそこから溢れ出す、〈有〉の世界が形成されるような、そういった場所である。

第七章

天長地久
天地所以能長且久者　以其不自生
　故能長生
是以聖人後其身而身先
外其身而身存
非以其無私耶　故能成其私

天は長く地は久し。
天地の能《よ》く長く且つ久しき所以《ゆえん》の者は、其の自《みずか》ら生きざるを以てなり。
　故に能く長生す。
是《ここ》を以て聖人は其の身を後にして而《しか》も身は先んず、
其の身を外にして而も身は存す。
其の私無きを以てに非ずや、故に能く其の私を成す。

天はいつまでも長くあり、地はいつまでも長く存続する。

天と地とが、このようにいつまでも長くあり、いつまでも長く存続するわけは、それらが生き延びようとつとめたりしないからだ。(1) だからこそ、それらはいつまでも長く存在するのだ。

そこで聖人は、自分自身を後方に置き、だからこそ、かの人は先方にくる。

かの人は自分自身を外にとりのこし、だからこそ、かの人は存在し続ける。
かの人に自己がないからこそ、このようにかの人の[2]〈自己〉を完成させられるのではなかろうか。

注

(1) **別解**「それらが自分の命を自分の所有物だとはなさないからだ」。

(2) 聖人は、自分の自我〔の存在〕を認めない。自己を否定することで、かの人は〈道〉とともにある存在となる。〈道〉とともにある存在となることで、かの人は自然とかの人の〈自己〉を実現するのである。
別解「かの人が個人的なことをすべて成し遂げられるのは、かの人が何に対しても執着がないからではなかろうか」。

第八章

上善若水
水善利萬物而不爭　處衆人之所惡
故幾於道
居善地
心善淵
與善仁
言善信
正善治
事善能
動善時
夫唯不爭　故無尤

上善は水の若し。
水は善く万物を利して而《しか》も争わず、衆人の悪《にく》む所に処《お》る。
故に道に幾《ちか》し。
居るには地を善しとす。
心には淵を善しとす。
与《とも》にするには仁を善しとす。
言は信を善しとす。
正《まつりごと》（政）には治を善しとす。
事には能を善しとす。
動くには時を善しとす。
夫《そ》れ唯だ争わず、故に尤《とが》無し。

最高の善は、水のようなものだ[1]。

水は万物を利するが、何ものとも競うことがない。そして水は、みなに嫌がられる（低い）場所にとどまる。

だからこそ水は、〈道〉に最も近い。


住むのには、地[2]というものが大切だ。

心には、深い静けさが大切だ。

他の人々とつきあうためには[3]、仁が大切だ。

話すことには、誠実さが大切だ。

政治には、治まることが大切だ。

ものごとをなすには、能力が大切だ。

動くには、時機が大切だ。


人が競わないことに気を配るならば、彼は決して過ちをおかさない。

注

（1）丸い容器のなかで、水はそれに従って丸くなり、四角い容器のなかで、水はそれに従って四角くなる、といったこと。

（2）すなわち、地の堅固さのこと。

別解「日常生活において、最もよいのは地（のようなたたずまい）である（すなわち、しっかりと静謐であること。もしくは、低くあること、ひかえめで謙虚であること）」。

（3）**別解**「ものを与える（という行い）には、仁が大切だ」。

第九章

持而盈之　不如其已
揣而梲之　不可長保
金玉滿堂　莫之能守
富貴而驕　自遺其咎
功遂身退
天之道

持して之を盈《み》たすは、其の已《や》めんには如《し》かず。

揣《すい》して之を梲《するど》くするは、長く保つべからず。

金玉、堂に満つれば、之を能く守る莫し。

富貴にして驕れば、自《みずか》ら其の咎《とが》を遺す。

功遂げて身退く。

天の道なり。


（容器を）手にとって、縁までそれを満たすよりは、足りないくらいにしておく方がよい。

剣を鍛える時、その刃をあまりに鋭くするならば、その剣は長く保てない。

もし黄金や宝玉で高殿をいっぱいにするならば、それを守る術は何もない。

もし富貴であることが傲慢につながるならば、ついに惨事に陥ることとなろう。

仕事が成し遂げられたなら、ただちに退かねばならない。
それが〈天〉の道なのだ。

第十章

載營魄抱一　能無離乎
專氣致柔　能嬰兒乎
滌除玄覽　能無疵乎
愛民治國　能無知乎
天門開闔　能爲雌乎
明白四達　能無知〔1〕乎
生之畜之
生而不有
爲而不恃
長而不宰
是謂玄德

営《まよ》える魄《はく》を載《やす》んじ、一《いつ》を抱きて、能《よ》く離るる無からんか。
気を専らにし柔を致し、能く嬰児のごとくならんか。
玄覧《げんらん》を滌除《てきじょ》して、能く疵《きず》無からしめんか。
民を愛し国を治め、能く知ること無からんか。
天門の開き闔《と》ずるに、能く雌《し》を為さんか。
明白、四《よも》に達して、能く知ること無からんか。
之を生じ、之を畜《やしな》う。
生じて而も有せず。
為して而も恃《たの》まず。
長ぜしめ而も宰たらず。
是れを玄徳と謂う。

お前の不安定で物質的なたましいを掌握する時、(1)〈一〉を腕のなかに抱擁し、そこから決して離れずにいられるか。

お前の呼吸(2)に集中し、体をしなやかに保つ時、幼児のようでいられるか。

お前の不思議な鏡(3)をきれいにして、それを汚れなく保つことができるか。

人々を愛し国を治め、それでいて無知でいられるか。

天のもろもろの門が開きそして閉じる時、(4)雌の役目を果たすことができるか。(5)

お前の輝きを四隅にまで放射しながら、それでも無知でいられるか。


〈〈道〉は〉あらゆるものを生み、それらを養う。

それらを生みながら、それらが自分の持ち物だ、などとは言わない。

はたらきはするが、これは自分の仕事だといって自慢することはない。(6)

〈あらゆるものを〉成長させるが、(7)それらを支配しようとはしない。

これが、私の言う、〈〈道〉の〉神秘なる〈徳〉である。

注
(1)人は二種類のたましいを持っている。物質的なたましい（原語「魄」）と精神的なたましい（原語「魂」）である。「魄」は、その性質上、いらいらとして落ち着きのないものである。道家思想の精神修養は、興奮した「魄」を静めて落ち着かせることにあり、そうすることで「魄」は静かに保たれ、「一」の状態に集中することができるのだ。

（2）瞑想のための呼吸法に関する言及である。

（3）すなわち、内なる目、もしくは神秘主義的洞察のための器官としての心。

（4）「天のもろもろの門が開いたり閉じたりする」とは、〈道〉の永遠で創造的な活動、すなわち形而上的な〈根源〉（Urgrund）の拡大と収縮、もしくは拡張と収縮について言ったものである。『易経』の哲学の文脈では、これは、太極の陰陽の動きを意味していよう。しかしながら、ある学者たちによると、この「天の門」とは人間が息をする鼻孔のことだという。だとすれば、呼吸法の修養に関する言及ということになろう。

（5）すなわち、柔らかく、受け身の態度のこと。

（6）**別解**「しかしながら、自分の仕事にすがったりはしない」。

（7）**別解**「それはあらゆるものの長ではあるが」。

訳注

〔1〕王弼本は「無為」と作るが、井筒は「無知」と作る本に基づいて訳している。

第十一章

三十輻共一轂　當其無　有車之用
埏埴以爲器　當其無　有器之用
鑿戸牖以爲室　當其無　有室之用
故有之以爲利　無之以爲用

三十の輻《や》、一つの轂《こしき》を共にす。其の無に当たりて、車の用有り。
埴《はに》を埏《こ》ねて以て器と為す。其の無に当たりて、器の用有り。
戸牖《こゆう》を鑿《うが》ちて以て室と為す。其の無に当たりて、室の用有り。
故に有の以て利と為るは、無の以て用と為るなり。

三十本の車輪の輻《スポーク》は、一つの轂《ハブ》を共有している。からっぽの場所があるからこそ、(1)車の用をなす。粘土をこねて容器を作る。からっぽの場所があるからこそ、容器の用をなす。入り口や窓を開けて家を建てる。(2)からっぽの場所があるからこそ、家の用をなす。

このように、〈有〉が我々の助けになる場合、それは〈無〉のはたらきのおかげなのだ。

注

（1）すなわち、車軸をとりつけるあなのこと。

（2）泥でできており、入り口と窓の部分が切り開けられている、原始的な家のイメージである。

第十二章

五色令人目盲
五音令人耳聾
五味令人口爽
馳騁田獵　令人心發狂
難得之貨　令人行妨
是以聖人爲腹不爲目
故去彼取此

五色は人の目をして盲ならしむ。
五音は人の耳をして聾ならしむ。
五味は人の口をして爽ならしむ。
馳《ち》騁《てい》田《でん》猟《りょう》は、人の心をして発狂せしむ。
得難きの貨は、人の行をして妨げしむ。
是《ここ》を以て聖人は腹の為にして目の為にせず。
故に彼を去《す》てて此を取るなり。

五つの色は、人の目を見えなくさせる。(1)
五つの音は、人の耳を聞こえなくさせる。
五つの味は、人の味覚を鈍くさせる。
速さを競う競走や狩猟は、人の心を狂わせる。

手に入れ難いような物品は、人の正しい行いを邪魔する。

そういうわけで、聖人は自分の腹に心を集中し、(2)目には気を配らない。(3)

それゆえ、かの人はあちらを手放し、(4)こちらを選ぶのだ。(5)

注

(1)すなわち、真の、内的あるいは感覚を超えたものごとの美について。

(2)聖人は、腹にある身体的かつ精神的な力をためることに集中するのだ。

(3)ここで言う「目」は、あらゆる感覚器官を代表させたもの。聖人は感覚的な楽しみに気を配らない。しかしながら一方では、「腹」とは何ら飾りのない単純な生活を意味しているのかもしれない。その場合、「目」は贅沢な装飾を備えた豪華な暮らし、ということになろう。

(4)すなわち、外界にある知覚可能な物事のこと。

(5)すなわち、内なる力のこと。

第十三章

寵辱若驚
貴大患若身
何謂寵辱若驚
寵爲上　辱爲下[1]　得之若驚
　失之若驚
是謂寵辱若驚
何謂貴大患若身
吾所以有大患者　爲吾有身
及吾無身　吾有何患
故貴以身爲天下　若可寄天下
愛以身爲天下　若可託天下

寵辱《ちょうじょく》は驚くが若《ごと》し。
大患を貴ぶこと身の若し。
何をか「寵辱は驚くが若し」と謂う。
寵は上為り、辱は下為り、之を得て驚くが若く、
　之を失いて驚くが若し。
是れを「寵辱は驚くが若し」と謂う。
何をか「大患を貴ぶこと身の若し」と謂う。
吾、大患有る所以《ゆえん》の者は、吾に身有る為なり。
吾に身無きに及びては、吾、何ぞ患有らん。
故に、貴ぶに身を以てするに天下の為にするは、天下を寄すべきが若し。
愛するに身を以てするに天下の為にするは、天下を託すべきが若し。

寵愛や侮辱は、人を動揺させるもの。

大いなる災いを[1]、まるで自分の体同様に、人はいつくしむもの。


「寵愛や侮辱は、人を動揺させる」とは、どういうことか。

寵愛は（普通は）よきもの[2]とみなされ、侮辱は悪しきもの[3]とみなされ、それで、そういったもの[4]を手に入れたり失ったりすると、人は動揺するのだ。

これが、「寵愛や侮辱は、人を動揺させる」ということだ。


「大いなる災いを、まるで自分の体同様に、人はいつくしむ」とは、どういうことか。

私が大いなる災いに苦しむ理由は、私に体があることだ[5]。

もしも私に体がなければ、どのような災いが私にあろうか。


だから、世界全体を自分の体同様に大切にするために、自分の体（真の意味での）を大切にするような人にこそ、世界全体を治める仕事をまかせられそうだ[6]。

世界全体を自分の体同様に愛するために、自分の体（真の意味での）を愛するような人にこそ[7]、世界全体をゆだねられそうだ。

注

（1）名誉や名声、富などといったもの。
（2）すなわち、価値ある、貴重な、恵まれたもの。
（3）すなわち、いまいましいもの。
（4）すなわち、悪しきものを手にすると人は動揺し、よきものを失うと人は動揺する、ということ。
（5）すなわち、私が、自分の（身体的な）体を真に存在する（そして大切な）ものとみなす、ということ。
（6）**別解**「世界全体よりも自分の体（すなわち、自分の〈自己〉）を大切にする人にこそ、世界全体を治める仕事をまかせられそうだ」。
（7）**別解**「世界を治めること以上に、自分の体（すなわち、自分の〈自己〉）を愛するような人にこそ」。

訳注

〔1〕王弼本は「寵為下」と作るが、井筒は「寵為上辱為下」と作る本に依拠して訳している。

第十四章

視之不見　名曰夷
聽之不聞　名曰希
搏之不得　名曰微
此三者　不可致詰　故混而爲一
其上不皦
其下不昧
繩繩不可名　復歸於無物
是謂無狀之狀　無物之象
是謂惚恍
迎之不見其首
隨之不見其後
執古之道　以御今之有
能知古始
是謂道紀

之を視れども見えず、名づけて夷《い》と曰う。
之を聴けども聞こえず、名づけて希と曰う。
之を搏《と》れども得ず、名づけて微と曰う。
此の三者、詰《きつ》を致すべからず、故に混じて一と為す。
其の上は皦《あきら》かならず。
其の下は昧《くら》からず。
縄縄《じょうじょう》として名づくべからず。無物《むぶつ》に復帰す。
是れ無状の状、無物の象と謂わんか。
是れ惚恍《こっこう》と謂わんか。
之を迎うるも其の首《こうべ》を見ず。
之に随うも其の後《しりえ》を見ず。
古の道を執り、以て今の有を御す。
能《よ》く古始を知る。
是れを道紀《どうき》と謂う。

それを見ようとしても、見えない。この点において、それは、「かたちなきもの」と呼ばれる。

それを聞こうとしても、聞こえない。この点において、それは、「かすかなもの」と呼ばれる。

それをつかまえようとしても、触れられない。この点において、それは、「微妙なもの」と呼ばれる。

これら三つの面からいって、それはとうていはかり知れないものである。(1) その三つの面が混じり合って〈一〉となる。


上の方では、それは明るくない。

下の方では、それは暗くない。

それは、より縄のようにいつまでも途切れなく、いかなる名前も与えられようがない。究極的に、それは〈無〉の原初の状態へともどってゆくのだ。


かたちなき〈かたち〉、像なき〈像〉、とでも言えようか。

ぼんやりとして確かめられない〈何か〉、とでも言えようか。


その前に立っても、頭は見えない。

その後ろに付き従っても、背面は見えない。

ものごとの永遠なる道の手綱をしっかりと握り、それは今のものごとを治めてゆくのだ。

かく、それはあらゆるものの原初の始まりを知っている。

これが〈道〉の大綱と呼ばれるものなのだ。(2)

注

（1）**別解**「これら三つ（の特質）は、それ以上、つきつめることができない」。上述の三つの性質については、それ以上、分析を進めることができないのだ。

またの別解「これら三つ（の特質）によって特徴づけられるものは、感覚によってつきつめることができない」。

（2）**別解**（この節全体の別解）「もし時間を超えた太古の〈道〉をつかまえるなら、今のものごとを意のままに操ることができよう、万物の原初の起源を知って。これが〈道〉の大綱（を握ること）と呼ばれるのだ」。

第十五章

古之善爲士者　微妙玄通　深不可識
夫唯不可識　故強爲之容
豫兮若冬渉川
猶兮若畏四鄰
儼兮其若客
渙兮若氷將釋
敦兮其若樸
曠兮其若谷
混兮其若濁
孰能濁以靜之徐清
孰能安[1]以動之徐生
保此道者不欲盈
夫唯不盈　故能蔽不新成

古の善く士為《た》る者は、微妙《びみょう》たり玄通《げんつう》たり、深くして識るべからず。
夫《そ》れ唯だ識るべからず、故に強いて之が容を為さん。
豫として冬に川を渉るが若《ごと》し。
猶《ゆう》として四鄰《しりん》を畏るるが若し。
儼《げん》として其れ客たるが若し。
渙《かん》として氷の将《まさ》に釈《と》けんとするが若し。
敦《とん》として其れ樸《あらき》の若し。
曠《こう》として其れ谷の若し。
混として其れ濁の若し。
孰《たれ》か能く濁りて以て之を静めて徐《おもむ》ろに清くせん。
孰か能く安んじて以て之を動かして徐ろに生きん。
此の道を保つ者は盈《み》つるを欲せず。
夫れ唯だ盈ちず、故に能く蔽《やぶ》（敝）れて新成せず。

いにしえより、優れた人物はかすかで推しはかりがたく、不思議なほどあらゆるものにゆきわたり[1]、深遠すぎて理解できない。

だからまさに、このような人物（の真のあり方）を知ることはできないのだが、強いてかの人の外面的なすがたの描写を試みよう。

冬の川をわたるがごとく、慎重に、
自分を取り囲む四方をおそれるかのように、注意深く、
客としての訪問の時のように、堂々と、
春になって氷が溶けるように柔らかく、
樸《あらき》[2]のようにかたく、
谷のようにからっぽで、
泥水のように混濁している。

濁っていながら、やがて落ち着いて徐々に澄んでゆく人、それは誰だろう。[2]
安らいでいながら、身じろぎをして、やがて徐々に強さを取りもどす人、それは誰だろう。

〈道〉をしっかりと保つ者は、縁まで満たされることを望まない。

縁まで満たされることがないからこそ、その人は（衣服にたとえれば）いつも着ることができるものでありながら、また新たに作り直されることもない[3]。

注

（1）**別解**「万物に対する神秘なる洞察をそなえている」。
（2）すなわち、直前で描写したような、〈道〉を体得した優れた人物以外に、ということ。
（3）**別解**「かの人は（衣服で言えば）あらゆるものを覆うほどゆったりとしており、新たに作り直されることもない」。
異文「かの人はボロ切れの状態にとどまり、新たに仕立てられることを望みはしない」。〔「蔽而不新成」と作る本に基づく。〕
異文「すりきれてしまうと、いつでも自分自身を新たに作り直すことができる（かの人はそのような存在だ）」。〔「蔽而新成」と作る本に基づく。〕

訳注

〔1〕王弼本では「久動」とするが、井筒は「久」のない本に基づいて訳したらしい。
〔2〕第十九章の注7を参照。

第十六章

致虚極　守靜篤
萬物竝作　吾以觀復
夫物芸芸　各復歸其根
歸根曰靜
是謂復命
復命曰常
知常曰明
不知常　妄作凶
知常容
容乃公
公乃王
王乃天
天乃道
道乃久

虚極を致し、静篤《せいとく》を守る。
万物並びに作り、吾以て復を観《み》る。
夫《そ》れ物芸芸《うんうん》たり、各《おの》おの其の根《こん》に復帰す。
根に帰るを静と曰う。
是れを命《めい》に復すと謂う。
命に復するを常と曰う。
常を知るを明と曰う。
常を知らざれば、妄《みだ》りに作《な》して凶なり。
常を知るは容なり。
容なれば乃ち公なり。
公なれば乃ち王なり。
王なれば乃ち天なり。
天なれば乃ち道なり。
道なれば乃ち久し。

没身不殆

身を没するも殆《あや》うからず。


空虚の極みを体得し、(1) 私は自分自身を、静けさのうちにしっかりと保つ。(2)

万物がすべて一緒に立ち上がってくる。しかし私には、それらが帰ってゆくのが見える。(3)

あらゆるものが旺盛に育つ。(4) しかしそれらはすべて、〈根〉に帰ってゆくのだ。


〈根〉に帰ること、それは静けさと呼ばれる。

それは、〈天命〉へと帰ってゆくということだ。(5)

〈天命〉へと帰ってゆくということ、それは〈常〉と呼ばれる。

〈常〉を知ること、それは、照らすこと、と呼ばれる。


もし人が〈常〉を知らないとすると、それはやみくもに行動することであり、惨事に陥ることとなろう。

〈常〉を知る人は、すべてを抱きかかえる人である。

すべてを抱きかかえ、かの人は公正となる。

公正となって、かの人は王者にふさわしくなる。

王者にふさわしくなり、かの人は〈天〉と調和する。

〈天〉と調和し、かの人は〈道〉と一つとなる。
〈道〉と一つとなり、かの人は永遠となる。
たとえかの人の身体は亡くなっても、自分自身が滅びることは決してないのだ。(6)

注

(1)「空虚〔原文は「虚」〕」とは、すなわち、からっぽであり、自我がなく、欲望もないこと。
(2)「静けさ〔原文は「静」〕」とは、天地と同様、人の自然的な、もしくは真の状態である。
(3)すなわち、絶対的な静けさという原初の状態のこと。
(4)ここでは、万物の出現と成長とが、春夏に驚くべき生命力をはっきりとあらわす植物になぞらえられている。
(5)形而上的な「静けさ」とは、あらゆるものがそこへと帰ってゆくように定められた究極の状態のこと。
(6)「たとえ彼の身体は亡くなっても、かの人自身が滅びることは決してないのだ」の**別解**「その生命を終えるまで、かの人が災難に遭遇することはない」。

第十七章

大上下知有之
其次親而譽之
其次畏之
其次侮之
信不足焉　有不信焉
悠兮其貴言　功成事遂
　百姓皆謂我自然

大上《たいじょう》は、下《しも》、之有るを知る。
其の次は、親しみて之を誉む。
其の次は、之を畏る。
其の次は、之を侮る。
信足らざるは、不信有り。
悠として其れ言を貴べば、功成り事遂げ、
　百姓皆な「我が自然なり」と謂わん。

最も優れた統治者とは、彼の下にいる人々が、彼が存在していることくらいしか気づかないようなものである。

それに次ぐのが、人々が親しみを感じ、彼を賞賛する、そのような統治者である。

それに次ぐのが、人々がおそれを抱くような統治者である。

それに次ぐのが、人々が侮るような統治者である。

もしも（統治者が）十分に信用されないのなら、それは彼自身の誠実さが足りないせいだ。

ゆったりと落ち着いて、統治者が大切な言葉（だけ）を発するなら、[1]彼の役目は完成し、仕事は成し遂げられ、そして人々はみな、「これらはすべて我々が、自然に、自分たちでなしたことだ」と言うだろう。

注

（1）**別解**　「もし（それと反対に）、統治者が慎重に、自分の発する言葉を大切にするならば」。

またの別解　「いい加減になげやりに、（多くの統治者たちは）自分の言うことばかり大切だと気にかける（そして自分のすることは気にかけない）。（しかし、最も優れた統治者の場合、）その役目は完成し」云々。

第十八章

大道廢　有仁義
慧智出　有大僞
六親不和　有孝子[1]
國家昏亂　有忠臣

大道廃《すた》れて、仁義有り。
智慧出でて、大偽有り。
六親《りくしん》和せずして、孝子有り。
国家昏乱して、忠臣有り。

大いなる〈道〉が廃れた時、仁と義とが生ずる。[1]
賢さと聡明さとが現れた時、たくらみと策略とが生ずる。
六種の親族関係[2]がこじれて、はじめて孝行息子が存在する。[3]
国家が混乱と無秩序に陥って、はじめて忠臣が存在する。

注

(1)仁と義とは、儒家にとっての最高の道徳的価値である。この章全体が、儒教に対する皮肉な非難である。

(2)〔六種の親族関係とは〕父と子、兄と弟、夫と妻のこと。

(3)「孝行息子が存在する」とは、孝行息子が目立つようになる、ということ。「忠臣が存在する」という表現も同様。「孝行息子」〔原文「孝子」〕は、異文では「孝慈」で、「孝行と父親の愛情」の意。

訳注

〔1〕王弼本では「孝慈」とするが、井筒は他の本により「孝子」とする。注3を参照。

第十九章

絶聖棄智　民利百倍
絶仁棄義　民復孝慈
絶巧棄利　盗賊無有
此三者　以爲文不足　故令有所屬
見素抱樸　少私寡欲

聖を絶ち智を棄つれば、民利は百倍ならん。

仁を絶ち義を棄つれば、民は孝慈に復せん。

巧を絶ち利を棄つれば、盗賊は有る無し。

此の三者、以て文《ぶん》足らずと為さん、故に属する所有らしめん。

素《しらぎぬ》を見《しめ》し樸《あらき》を抱《いだ》く。私《わたくし》を少なくし欲を寡《すく》なくす。


もし（統治者が）賢さ(1)を廃し、聡明さ(2)を捨てたならば、人々が受ける恩恵は、百倍にまで増えることだろう。

もし彼が仁愛を廃し、義を捨てたならば、人々は孝行と親の愛情を抱く状態へと帰ってゆくことだろう。

もし彼が巧みさ(3)を廃し、利益（の追求）を捨てたならば、泥棒や強盗はいなくなることだろう。

これら三つだけでは、飾りが足りないのでは(4)、と思う向きがあるようならば、それでは、少しばかりの付け足しをしておこう。(5)(6)生成りの絹のような平易さを外に示し、樸《あらき》のような単純さを内に抱擁する。(7) わがままを減らし、欲望を少なくする。

注

(1)〔賢さ（原文「聖」）とは〕すなわち、ものごとを洞察する心の鋭さ、ということ。

(2)〔聡明さ（原文「智」）とは〕すなわち、ものごとを見抜く理性の活動、ということ。

(3)「巧みさ〔原文「巧」〕」は、精巧な道具や機械を生産する技術、という意味。

(4) 飾りのない生活は、あまりにも単純でわびしい、人はそう思うかもしれない。

(5)「少しばかりの付け足し」とは、すなわち以下の文に述べられること。

(6) **別解**「これら三つは確かに「飾り」ではあるが、しかしそれらだけでは十分ではない、と、人は考えるかもしれない。それでは、もう少し言っておこう（すなわち、別の原則を）」。

またの別解「これら三つは、いつわりの飾りに他ならず、それゆえ不十分なものであると、人は考えるかもしれない。では、人々がつき従えるような何か（すなわち、別の、より優れた原則）を提供させてもらおう」。

(7)「樸〔加工されていない木材〕」とは、老子が好むイメージの一つであり、〈道〉の原初的な単純さを言うものである。人は、彼の存在のあらゆる面において、その単純さを具体的にその経験のあらゆる側面においてはっきりあらわすために、〈道〉の形而上的な単純さを身につけなければならないのだ。

第二十章

絶學無憂
唯之與阿　相去幾何
善之與惡　相去若何
人之所畏　不可不畏
荒兮其未央哉
衆人熙熙　如享太牢　如春登臺
我獨泊兮其未兆
如嬰兒之未孩
儽儽兮若無所歸
衆人皆有餘　而我獨若遺
我愚人之心也哉　沌沌兮
俗人昭昭　我獨昏昏〔1〕
俗人察察　我獨悶悶
澹兮其若海

学を絶てば憂い無し。
唯《い》と阿《あ》と、相い去ること幾何《いくばく》ぞ。
善と悪と、相い去ること若何《いかん》ぞ。
人の畏る所は、畏れざるべからず。
荒たり、其れ未だ央《つ》きざるか。
衆人は熙熙《きき》たり、太牢を享《う》くるが如く、春に台に登るが如し。
我独り泊《はく》として其れ未だ兆さず。
嬰児の未だ孩《がい》せざるが如し。
儽儽《るいるい》として帰る所無きが若《ごと》し。
衆人皆な余り有り、而して我独り遺《のこ》るが若し。
我、愚人の心なるか。沌沌たり。
俗人は昭昭たり、我は独り昏昏たり。
俗人は察察たり、我は独り悶悶たり。
澹《たん》として其れ海の若し。

飂兮若無止
衆人皆有以　而我獨頑且鄙〔2〕
我獨異於人
而貴食母

飂《りゅう》として止《とど》まること無きが若し。

衆人は皆な以てする有り、而して我は独り頑にして且つ鄙《ひ》なり。

我は独り人に異なり。

而して母より食《やしな》わるるを貴ぶ。


学ぶことを放棄すれば、心配事はなくなる。(1)

「はい」と言うのと「ふん」と言うのとでは、どれほど違うのか。

良いのと悪いのとでは、(2)どのような違いがあるのか。

「他人の畏敬するものは、私も同様に畏敬せねばならない」(3)。

ああ、私はそこから、なんと遠くに離れてしまったことか。(4)（そのような原則において、）その果てしない原野には絶対に限りがないのだから。(5)(6)

大多数の人は、明朗で楽しそうだ、まるで豪勢な宴会に招かれたかのように、まるで春の景色を楽しむために高い建物に登るかのように。

私だけがひとり、ものも言わず静かに、動きの兆候を示さない。

まるで生まれたばかりの赤子のように、まだ笑うことすら知らない。

孤独[7]であてもなく、私はまるで帰るところもないかのように見えよう。

みなが十分すぎるほど、ものを持っているのに、私だけはからっぽで空虚であるかのようだ。

私の心は、まさに愚か者の心だ。愚鈍で、混沌としている。

俗人たちはみな利口で賢明だ。私だけが暗愚で鈍い。

俗人たちはみな素早く機敏だ。私だけが鈍感でのろい。[8]

私は、絶え間なく波打つ大海のようだ。

そして、吹きやむことのない風のようだ。

みなには自分の為すべきことがある。[9]私だけが役に立たず、野卑のままだ。私は他のみなと異なる。

私には、〈母〉から食事をもらうことが大切なのだから。[10]

注

（1）「学ぶ」とは、主に「礼」——すなわち、儒家がたいへんに重んじる、正しい振る舞いの規則——を学ぶことを意味した。そんなものをたくさん学べば学ぶほど、人は細々《こまごま》としたさまざまな区別に悩まされるようになり、「心配事」に限りがなくなるのだ。
（2）**異文**「美と醜とでは」。〔「美之与悪」と作る本が存在する。〕
（3）おそらく、ことわざを引用したもの。

(4) **別解** 「ああ、(このような考えは) なんと(真理から) 遠く隔たっていることか」。

(5) すなわち、細々《こまごま》としたさまざまな区別の「果てしない原野」、ということ。

(6) **別解** 「(形式的な〔儒家の〕勉学にいそしむより) 人は、他人が畏敬することを畏敬すべきである。(それだけで十分なのだ。人はこの限界を超えて、自分が正しいと信ずることをより積極的に主張すべきではない。) なぜなら、ものの真相は広大で推しはかりがたいのだから」。

またの別解 「人の畏敬するものは何であれ私も同様に畏敬せねばならない(もちろん私はそのことを知っている)。しかし(私がそういった些細な区別のすべてに気を配らねばならないとすると、私は途方にくれてしまう。なぜなら) これらすべてのことは、はびこるように乱雑に、雑草が生長するようなもので、それらには限りがないからだ」。

(7) **異文** 〔原文は「儽儽兮」〕「疲れていて消耗した」。〔「乗乗」と作る本が存在する。〕

またの異文 「粉々に砕かれている」。〔「我獨悶悶」と作るべしとする説が存在する。〕

(8) **異文** 「俗人たちはみな身綺麗できちんとしている。私だけが汚く不潔だ」。

(9) **別解** 「他のみなは何らか役に立つ」。

(10) 〈母〉とは、〈道〉の象徴である。

訳注

〔1〕王弼本は「若昏」と作るが、井筒は「昏昏」とする本に基づいて訳したらしい。

〔2〕王弼本は「似」と作るが、井筒は「且」とする本に基づいて訳したらしい。

第二十一章

孔徳之容　惟道是従
道之爲物　惟恍惟惚
惚兮恍兮　其中有象
恍兮惚兮　其中有物
窈兮冥兮　其中有精
其精甚眞　其中有信
自古及今　其名不去
以閲衆甫
吾何以知衆甫之狀哉
以此

孔徳《こうとく》の容、惟《た》だ道にのみ是れ従う。
道の物為《た》るや、惟だ恍《こう》たり惟だ惚《こつ》たり。
惚たり恍たり、其の中に象《しょう》有り。
恍たり惚たり、其の中に物有り。
窈《よう》たり冥たり、其の中に精有り。
其の精は甚だ真なり、其の中に信有り。
古より今に及ぶまで、其の名は去らず。
以て衆甫《しゅうほ》を閲《けみ》す。
吾、何を以て衆甫の状を知るや。
此を以てなり。

偉大な徳をそなえた人物は、[1]その行動において、〈道〉のみに従う。
〈道〉はその真実において、まったくぼんやりとしており、まったく不明瞭だ。
まったく不明瞭で、まったくぼんやりとしているが、その内には一つの〈像〉がある。
まったくぼんやりとしており、まったく不明瞭だが、その内には〈何か〉がある。
まったく奥深く、まったく暗いが、その内には〈真実〉[2]がある。

その〈真実〉は、この上なく純粋だ。
その内には、それ自体の証しが含まれる。[3]
古から今にいたるまで、その〈名〉[4]が失われたことはない。[5]
かくして、[6]それはあらゆるものの原則を治める。[7][8]
それがあらゆるものの原則とともにあることが、どのようにして私に分かったのか。
まさしくこれ[9]によって、分かったのだ。

注

（1）**別解**「偉大な徳は、そのはたらきにおいて、厳密に〈道〉に従う」。
（2）**別解**〔真実、原文「精」〕「〈精神〉」、もしくは「〈力〉」、すなわち、万物それぞれに内在し、個物を個物たらしめる生命力のこと。

（3）**別解**　「その内には、（永遠に）常なる何かが含まれる」。

（4）「〈道〉」、もしくは、「あらゆるものの〈母〉」などとしての〈名〉。

（5）すなわち、現象世界から消え去ることが決してない、ということ。

（6）すなわち、決してこの世から去らないことによって、また世界全体に内在していることによって、ということ。

（7）**別解**　〔治める、原文「閲」〕「点検する」、もしくは「構成する」。

（8）**別解**　「あらゆるものの父であり、先祖である」もしくは「あらゆるものの始まりである」。
またの別解　「〈始まり〉と〈終わり〉（「あらゆるものの原則」の代わりに）」。

（9）「これ」というのは、「私が先ほど言ったこと」を意味し、直観、もしくは〈名〉そのもの。

第二十二章

曲則全
枉則直
窪則盈
敝則新
少則得
多則惑
是以聖人抱一　爲天下式
不自見　故明
不自是　故彰
不自伐　故有功
不自矜　故長
夫唯不争　故天下莫能與之争
古之所謂曲則全者
豈虚言哉　誠全而歸之

「曲がれるは則ち全し」。
枉《まが》れるは則ち直し。
窪めるは則ち盈《み》つ。
敝《やぶ》れるは則ち新たなり。
少なければ則ち得。
多ければ則ち惑う。
是《ここ》を以て聖人は一を抱き、天下の式《のり》と為る。
自《みずか》ら見《あらわ》さず、故に明たり。
自ら是《ぜ》とせず、故に彰《あき》らかなり。
自ら伐《ほこ》らず、故に功有り。
自ら矜《ほこ》らず、故に長し。
夫《そ》れ唯《た》だ争わず、故に天下、能《よ》く之と争うこと莫《な》し。
古の所謂「曲がれるは則ち全し」なる者あり。
豈に虚言ならんや。誠に全くして之に帰す。

「曲がりくねったものこそ、完全を保てる」(1)。
曲がったものは、まっすぐになる。
からっぽのものは、満たされる。
すりきれたものは、新しくなる。
少ししか持たない者は、多くを手に入れる。
多くを持つ者には、心配事が多い。

だから、聖人は〈一〉を抱き、それにより、天下のあらゆるものの模範となる。
自分をひけらかすことをしないので、それゆえ、かの人は輝く。
自分を正しいとは思わないので、それゆえ、かの人は輝かしい。
自分自身を誇らない。それゆえ、かの人の手柄が認められる。
自慢しない(2)。それゆえ、かの人はいつまでも持ちこたえる(3)。
誰とも競わない、だから天下の誰もかの人と競わないのだ。

「曲がりくねったものこそ、完全を保てる」、そう昔の人は言った。これが意味のない言葉であろうか。本当に、これ（つまりこの原則）によってこそ、人は無傷のまま（〈天〉からどのようなものを授かったとしても）、原初の根源へと帰ってゆくのだ。(4)

注

（1）古くからのことわざを引用したもの。もとになるイメージは曲がりくねった、ふしだらけの樹木で、「不完全」であるがゆえに「完全」でありえた。すなわち、大工仕事では使い道がないから、伐り倒されることがないというものだ。〔『荘子』人間世篇に見えるたとえ話に基づく。〕

（2）すなわち、自分自身に過大な自信を持たない、ということ。

（3）**別解**　「指導者となる」。

（4）**別解**　「〔これによってこそ、〕人は死ぬまで完全であり続けることができる」。

第二十三章

希言自然
故飄風不終朝　驟雨不終日
孰爲此者　天地
天地尚不能久　而況於人乎
故從事於道者　道者同於道
　得者同於得　失者同於失
同於道者　道亦樂得之
同於德者　德亦樂得之
同於失者　失亦樂得之
信不足焉　有不信焉

言を希《まれ》にするは自然なり。
故に飄風《ひょうふう》は朝《あした》を終えず、驟雨《すうう》は日を終えず。
孰《たれ》か此を為す者ぞ、天地なり。
天地すら尚《な》お久しきこと能わず、而して況んや人に於いてをや。
故に道に従事する者は、道なる者は道と同じく、
　得（徳）なる者は得（徳）と同じく、失《う》う者は失と同じ。
道と同じき者は、道も亦た楽しんで之を得。
徳と同じき者は、徳も亦た楽しんで之を得。
失と同じき者は、失も亦た楽しんで之を得。
信足らざるは、不信有り。

ほとんどの時間、語らずにいること[1]――それは自然だ。

こういうわけで、大風は午前中のうちにたいていおさまってしまうものだし、嵐は一日中続くことがないのだ。

これらすべてのことを、一体、誰がもたらしているのか。天地である。

天地ですら（過剰な状態を）いつまでも続けられないとすれば、なおさら人には、しおおせないことだ。

だから〈道〉の追求において、すでに〈道〉（の段階）に到達した人は、〈道〉と同化し、〈徳〉（の段階）に到達した人は、〈徳〉と同化するが、一方、（〈道〉と〈徳〉とを）失った人は、その喪失と同化してしまうのだ[2]。

〈道〉と同化した人は、〈道〉から喜んで受け入れられる。
〈徳〉と同化した人は、〈徳〉から喜んで受け入れられる。
失われたものと同化した人は、喪失から喜んで受け入れられる。

人が十分に信用されないとすれば、それはその人が誠実でないためだ。

注

（1）**別解**　「あまり多くを語らないこと」、もしくは「語りはするが、まれであること」。

（2）**校訂を伴う別解**　（「道者」の二字がない場合）「だから〈道〉に同調して行動する人は、〈道〉と同化し、〈徳〉（に同調して行動する）人は、〈徳〉と同化する。失う人は、自分の失ったものと同化してしまう」。

第二十四章

企者不立
跨者不行
自見者不明
自是者不彰
自伐者無功
自矜者不長
其在道也　曰餘食贅行
物或悪之
故有道者不處

企《つまだ》つ者は立たず。
跨《また》ぐ者は行かず。
自《みずか》ら見る者は明らかならず。
自ら是《ぜ》とする者は彰《あき》らかならず。
自ら伐《ほこ》る者は功無し。
自ら矜《ほこ》る者は長からず。
其の道に在る也《や》、曰く、余食贅行なりと。
物或《つね》に之を悪《にく》む。
故に道を有する者は処《お》らず。

爪先立ちする人は、しっかり立つことができない。
大またで歩く人は、遠くまでたどり着かない。

自分をひけらかす人は、輝くことができない。
自分が正しいと思うような人は、輝かしくなることができない。
自分自身を誇る人は、自分の心を認められることがない。
自慢をするような人は、[1] いつまでも持ちこたえない。

〈道〉の観点から見れば、(そのような態度は)「余分な食料や役に立たない疣」と呼ばれる。
こういったものは、みなから嫌われる。[2]
それゆえ、〈道〉を有する人は、決してこういう態度をとらない。

注

(1) すなわち、自分に自信を持ちすぎた人、ということ。

(2) **別解** 「これらを嫌う〈何か〉(〈天〉、もしくは〈創造主〉)が存在する」。

またの別解 「これらは常に(原文「或」〔「常に」の意がある〕)厭わしいものである」。

第二十五章

有物混成　先天地生
寂兮寥兮　獨立不改
周行而不殆
可以爲天下母
吾不知其名
字之曰道
強爲之名曰大
大曰逝
逝曰遠
遠曰反
故道大
天大　地大　王亦大
域中有四大
而王居其一焉

物有り混成し、天地に先だって生ず。
寂《せき》たり寥《りょう》たり、独り立ちて改《か》わらず。
周行して而《しか》も殆《つか》れず。
以て天下の母為《た》るべし。
吾、其の名を知らず、
之に字《あざな》して道と曰う。
強いて之が名を為して大と曰う。
大を逝と曰う。
逝を遠と曰う。
遠を反と曰う。
故に道は大なり、
天は大なり、地は大なり、王も亦た大なり。
域中に四つの大有り、
而して王は其の一に居る。

人法地　　人は地に法《のっと》る。
地法天　　地は天に法る。
天法道　　天は道に法る。
道法自然　　道は自然に法る。

知覚できはしないが、ただ真なる〈何か〉があって[1]、それは天地以前に生まれたものだ。

静かでうつろで、それはひとりで立っており、変わることがない。

それはいかなる場所にも行きわたり、尽き果てることがない[2]。

それは、天下にあるあらゆるものの〈母〉とも言えよう[3]。

私はその名を知らない。


仮の名を与えるとすれば、私はそれを〈道〉と呼ぼう。

さらに強いて名をつけるならば、私はそれを「大」と呼ぼう。

「大」は「先に進む」ことを意味する。

「先に進む」ことは「遠くへ行く」ことを意味する。

「遠くへ行く」ことは「もとにもどる」ことを意味する。

だから、〈道〉は偉大だ。
天もまた偉大、地もまた偉大、そして王[4]もまた偉大だ。
かくして、存在の世界の域内には、四つの偉大なるものがある。
そして他のものと並び、王にもその居場所があるのだ。[5]

人は地にのっとる。
地は天にのっとる。
天は〈道〉にのっとる。
そして〈道〉は（それ自体の）自然[6]にのっとる。

注

（1）**別解**　「かたちはないが完全な〈何か〉」、もしくは「まだまったく分節されていない〈何か〉」。

（2）**別解**　「決してとどまることがない」、もしくは「決して危険に陥ることがない」。

（3）**異文**　「（「天下母」の代わりに）天地母」。

（4）**異文**　（「王」の代わりに）「人」。しかし、「王もまた偉大」というの自体も「人もまた偉大」ということに他ならない。王が人の代表とされている。

（5）すなわち、人のこと。

（6）**別解**（句読を変更した場合）「人は、地にのっとれば、地になる。天にのっとれば、天になる。〈道〉にのっとれば〈道〉になる。（そうすることで）人は（〈道〉の）自然にのっとる」。最後の文は、次のようにも訳せる。「だから、（〈道〉の）自然にのっとりなさい」。

第二十六章

重爲輕根
靜爲躁君
是以聖人終日行　不離輜重
雖有榮觀　燕處超然
奈何萬乘之主　而以身輕天下
輕則失本
躁則失君

重は軽の根為《た》り。

静は躁の君為り。

是《ここ》を以て聖人は終日行き、輜重《しちょう》を離れず。

栄観有りと雖も、燕処して超然たり。

奈何《いかん》ぞ万乗の主、身を以て天下よりも軽しとせんや。

軽なれば則ち本を失う。

躁なれば則ち君《くん》を失う。


重いものは、軽いものの根である。

静かなものは、そわそわしたものの君主である。

だから聖人は、一日中（軽量の車で）旅しながら、視野に入らない（重い）荷車から離れることがない[1]。

素晴らしい景色があろうとも、かの人は心穏やかなままで、静かに超然としている。(2)

それでは、一万の戦車を率いる君主(3)が、なぜ(彼の統治下にある)帝国よりも、自分自身を軽くあつかう必要があろうか。

軽々しく行動すれば、彼は自分の根を失う。(4)

そわそわしていれば、彼は自分の君権を失う。

注
(1)聖人は、何をしていようとも、自分の基本である重さを見失うことがない、という比喩。
別解「だから聖人は(ちょうど)軍隊のような重いものを失わず、一日中、行進しながら、多くの荷車からみずからを切り離すことがない」。
(2)**別解**「荘厳な宮殿を所有していようとも、かの人は奥の間で、静かにわずらいもなく過ごす」。
(3)すなわち、偉大な帝国の君主のこと。
(4)**異文**「彼は自分の臣下を失う」。〔「失臣」と作る本が存在する。〕

第二十七章

善行無轍迹
善言無瑕讁
善數不用籌策
善閉無關楗　而不可開
善結無縄約　而不可解
是以聖人
常善救人　故無棄人
常善救物　故無棄物
是謂襲明
故善人者　不善人之師
不善人者　善人之資
不貴其師　不愛其資　雖智大迷
是謂要妙

善く行くものは、轍迹《てっせき》無し。
善く言うものに、瑕讁《かたく》無し。
善く数うるものは、籌策《ちゅうさく》を用いず。
善く閉ざすものは、関楗《かんけん》無くして、而も開くべからず。
善く結ぶものは、縄約《じょうやく》無くして、而も解くべからず。
是《ここ》を以て聖人は、
常に善く人を救い、故に棄人無し。
常に善く物を救い、故に棄物無し。
是れを襲明《しゅうめい》と謂う。
故に善人なる者は、不善人の師なり。
不善人なる者は、善人の資なり。
其の師を貴ばず、其の資を愛せざるは、智なりと雖も大いに迷う。
是れを要妙と謂う。

うまく歩く人は、足跡をのこさない。

うまく話す人には、〔話に〕不備がない[1]。

うまく数える人は、計算道具を使わない。

うまく扉を閉める人は、掛け金やかんぬきを使わないが、それでも開けることができないように閉めることができる。

うまくものを結ぶ人は、ひもや結び目を使わないが、それでもほどくことができないように結ぶ。


それゆえ、聖人はいつも人々を救うのがうまい。

何人をも見捨てたり放置したりしない。

いつもものを救うのがうまい。

何ものをも見捨てたり放置したりしない。


これが「自然の光を二重にする[2]」と呼ばれるものである。


かくして、善人は悪人の教師である。

そして、悪人は善人にとって役に立つ手段[3]である。

自分の教師を重んじないような人、または自分の手段を愛さないような人は、いかに賢くとも、実にひどい過ちをおかすことになる。

これが、最も肝要で微妙な真理と私が考えるものなのだ。

注

（1）**別解**　「よき話し手が話した言葉には、長所も短所もない」、もしくは「欠点があるわけでも、磨かれ（すぎ）たわけでもない」。

（2）**別解**　「分別的な〈理〉の）光を包み隠す（態度）」。
またの別解　「自然の光の歩みに従うこと」。

（3）**別解**　「(欠くことのできない）助け」。

第二十八章

知其雄　守其雌　爲天下谿
爲天下谿　常德不離
復歸於嬰兒
知其白　守其黑　爲天下式
爲天下式　常德不忒
復歸於無極
知其榮　守其辱　爲天下谷
爲天下谷　常德乃足
復歸於樸
樸散則爲器
聖人用之　則爲官長
故大制不割

其の雄《ゆう》を知り、其の雌《し》を守らば、天下の谿《たに》と為る。
天下の谿と為らば、常徳は離れず。
嬰児に復帰す。
其の白を知り、其の黒を守らば、天下の式《のり》と為る。
天下の式と為らば、常徳は忒《たが》わず、
無極に復帰す。
其の栄を知り、其の辱を守らば、天下の谷と為る。
天下の谷と為らば、常徳は乃ち足る。
樸《あらき》に復帰す。
樸散ずれば則ち器と為る。
聖人　之を用い、則ち官の長と為る。
故に大制は割《さ》かれず。

雄というものを知りながら、それでも雌の役目を守る、そういう人が、世界全体の峡谷[1]となる。

世界全体の峡谷となるや、（〈道の〉）永遠なる[2]〈徳〉は、かの人から離れることがない。

そしてかの人はふたたび、幼児の状態へともどってゆく[3]。


白というものを知りながら、それでも黒の役目を守る、そういう人が、天下の模範となる。

世界全体の模範となるや、永遠なる〈徳〉は、かの人を見捨てることがない。

そしてかの人はふたたび、無限[4]へともどってゆく。


栄光を知りながら、それでも不名誉な役目を守る、そういう人が天下の谷間となる。

世界全体の谷間となるや、かの人は永遠なる〈徳〉で満たされる。

そしてかの人はふたたび、樸《あらき》の状態へともどってゆく。


　樸は、ひとたび切り出されれば、（さまざまな）器へとかたちを変える。

　このように聖人は、それを使う[5]ことで、すべての官僚の長となる[6]。

　だからこそ、最も偉大なものとは、未加工のものなのだ[7]。

注

（1）峡谷は、受動的にすべての水を受け取り、受け入れる。象徴的に言うと、この世の人類すべての最終的な憩いの場である。

（2）「永遠なる」とは、つまり絶対的で変化しない、ということ。

（3）老子にとって、幼児は、その本来的な純潔さと単純さゆえ、〈有〉の人間的次元における最も完全な〈道〉の体現である。

（4）すなわち、無限で広大な〈道〉の場のことである。

（5）すなわち、「樸〔未加工の木材〕」の徳のこと。「樸」のイメージについては、第十九章の注（7）を参照。

（6）**別解**「聖人はそれら（すなわち、さまざまな器、それぞれの本来の能力に応じて、ということ）を用いて、そこから官僚の長たちを生み出す」。聖人がこうして生み出した官僚の長たちを通じて、彼はこの世の人々を自由に、意のままに治める、という含意。

（7）**別解**「だからこそ最も偉大な彫刻には、彫刻がない」。

別解「ゆえに、最も優れた（犠牲動物の）加工者は、決して切ることで動物の体の重要な肉を傷つけたりすることがない人物だ」。聖人こそ、樸をいかにしてさまざまな器へと、それぞれの自然で正しいかたちとして切り出すのかを心得ている、という含意。

第二十九章

將欲取天下而爲之　吾見其不得已
天下神器　不可爲也
爲者敗之
執者失之
故物或行或隨
或歔或吹
或強或羸
或挫或隳
是以聖人　去甚　去奢　去泰

将《まさ》に天下を取りて之を為さんと欲するは、吾、其の得ざるを見る已《のみ》。
天下は神器なり、為すべからざる也。
為す者は之を敗る。
執《と》る者は之を失う。
故に物は或いは行かんとして或いは随う。
或いは歔《きょ》せんとして或いは吹く。
或いは強からんとして或いは羸《よわ》し。
或いは挫かんとして或いは隳《こぼ》たる。
是《ここ》を以て聖人は甚《じん》を去り、奢《しゃ》を去り、泰《たい》を去る。

世界全体をつかみ取ろうとして、さまざまな作為に頼る人々がいる。しかし、はじめからそれがうまく行かないことが私には分かる。(1)

世界は聖なる器であり、作為によって作ることなど、誰にもできない。
何かをなそうとする者は、みなそれを傷つける。
それに固執する者は、みなそれを失う。

前に行こうとする人は、あとに遅れることになる。
ものを温めようと息を吹きかける人は、ものを冷たくしてしまう。
強くなろうとする人は、弱くなってしまう。(2)
(他の者を) 倒そうとする人は、自分が倒される。(3)(4)

こう見ると、聖人は過剰を避け、贅沢を避け、自慢を避ける。

注

(1) **別解**「(そのように行動することで、) 彼らはひと息つくことさえない (ことが私には分かる)」。
(2) **別解**「(何かを) 強くしようとする人は、弱くしてしまう」。
(3) **別解**「何かをとりこもうとする人は、それを押し倒してしまう」。
(4) **別解** (この節全体についての)「先に行こうとして、実は他人に従ってしまう人々がいる。ものを温めようと息を吹きかけて、実は冷ましてしまう人々がいる。自分が強いと思っても、実は弱い人々がいる。(他の者を) 倒そうとして、実は倒されてしまう人々がいる (**別解** 何かをとりこもうとして、実はそれを押し倒してしまう人々がいる)」。

またの別解　「あらゆるもののうち、あるものは先に行き、あるものは遅れる。あるものは静かに呼吸し、あるものは激しく呼吸する。あるものは強く、あるものは弱い。あるものは倒し、あるものは倒される(**別解**　〔「或載或隳」と作る異文に基づく解釈〕あるものは荷車に載せられ、あるものは落ちる)」。

第三十章

以道佐人主者　不以兵強天下
　其事好還
師之所處　荊棘生焉
大軍之後　必有凶年
善者果而已　不敢以取強
果而勿矜
果而勿伐
果而勿驕
果而不得已
果而勿強
物壯則老
是謂不道
不道早已

道を以て人主を佐《たす》くる者は、兵を以て天下を強くせず、
　其の事　好く還《かえ》る。
師の処《お》る所、荊棘《けいきょく》、焉《ここ》に生ず。
大軍の後に、必ず凶年有り。
善き者は果たすのみ、敢えて以て強を取らず。
果たして矜《ほこ》る勿《な》し。
果たして伐《ほこ》る勿し。
果たして驕る勿し。
果たして已《や》むを得ず。
果たして強たること勿し。
物壮《さか》んなれば則ち老ゆ。
是れを不道と謂う。
不道は早く已《や》む。

〈道〉によって自分の君主を助けようとする人は、武力によって国を強くすることがない。(1)そういうものは、はね返ってくるものだから。(2)

軍隊が陣を張る場所には、野ばらやいばらが生い茂ることになる。

大きな戦争の後には、飢饉の年がやってくるものだ。

だから、よき人（将軍）は、（みずからの作戦を）完遂すると(3)そこでとどまる。彼は戦争行為をそれ以上進めることがない。

仕事を完遂して、彼は自慢することがない。

仕事を完遂して、彼はうぬぼれることがない。

仕事を完遂して、彼は傲慢になることがない。

仕事を完遂して、彼はそれを、他のやり方がなかったから、なしたものとみなす。

仕事を完遂して、無情になることがない。(4)

活力の頂点にあるものは、ほどなく老いさらばえてしまう。

それは〈道〉に反することだ。

〈道〉に反することは何であれ、ほどなく終わりを迎えるものだ。

注

（1）**別解**「武力で世界を威圧することがない」。

（2）すなわち、もともとの意図に反する結果を招いてしまいがちだ、ということ。

（3）**別解**「よき人（将軍）は果敢である」。「果」は、一、「何かに結論や完成をもたらす」意味と、二、「果敢である」意味とがあることに注意。

（4）**別解**（この段落全体に対する）「よき人（将軍）は、まったく果敢である。彼は決して（無情な）強さを有する地位を占めようとはしない。果敢であれ、しかし自慢はするな。果敢であれ、しかし傲慢ではあるな。果敢であれ、しかし他のやり方がない時にだけ（果敢さを見せよ）。果敢であれ、しかし無情にはなるな」。

第三十一章

夫佳兵者　不祥之器　物或惡之
故有道者不處
君子居則貴左
用兵則貴右
兵者　不祥之器
非君子之器
不得已而用之　恬淡爲上
勝而不美
而美之者　是樂殺人
夫樂殺人者　則不可以得志於天下矣
吉事尚左　凶事尚右
偏將軍居左　上將軍居右
　言以喪禮處之
殺人之衆　以哀悲泣之

夫《そ》れ佳兵なる者は、不祥の器なり。物或《つね》に之を悪《にく》む。
故に道を有する者は処《お》らず。
君子は居りては則ち左を貴ぶ。
兵を用いるには則ち右を貴ぶ。
兵なる者は、不祥の器なり。
君子の器に非ず。
已《や》むを得ずして之を用いれば、恬淡《てんたん》を上と為す。
勝つは美たらず。
而して之を美とする者は、是れ人を殺すを楽しむなり。
夫れ人を殺すを楽しむ者は、則ち以て志を天下に得べからず。
吉事には左を尚《たっと》び、凶事には右を尚ぶ。
偏《へん》将軍は左に居り、上将軍は右に居る、言うこころは、
　喪礼を以て之に処す、と。
人を殺すことの衆《おお》かれば、哀悲を以て之を泣く。

戰勝　以喪禮處之

戰勝てば、喪礼を以て之に処す。


優れた武器は、悪しき兆候をもつ道具だ。みながそれらを嫌う。

だから、〈道〉を有する人は、それらを使うのをよしとしない。(1)


　君子は、家に居る時、左側をたっとぶ。

　しかし戦時には、右側をたっとぶ。(2)


武器は、悪しき兆候をもつ道具だ。

それらは、君子の道具ではない。

使わざるをえない時は、それらを過大視せずに用いるのがよい。(3)


勝利は、栄光とされるものではない。

それにもかかわらず、勝利を栄光だと考えるのは、人殺しを楽しむことだ。

しかし、人殺しを楽しむような人間は、決してこの世界で自分の意志をかなえることができない。

めでたい時には左側がたっとばれ、不幸な時には右側がたっとばれる。

それゆえ、尉官は左側に位置し、将軍は右側に位置する。戦争を行う際には、喪礼を挙行しているのだということである。

もし多くの人々が殺されてしまったならば、人は悲哀に満ちて、それに涙を流すことであろう。

戦争に勝った時、人は喪礼を挙行すべきだ。

注

（1）**別解**　「かれが武器を使わざるをえないような状況に身を置くことはない」。

（2）戦争とは、〈道〉と調和しないような非常事態、ということである。

（3）**別解**　「欲望にかりたてられることなく」、もしくは「わがままな意図を持たず」。

第三十二章

道常無名
樸雖小　天下莫能臣也
侯王若能守之　萬物將自賓
天地相合　以降甘露
民莫之令而自均
始制有名
名亦既有　夫亦將知止
知止所以不殆
譬道之在天下　猶川谷之於江海

道は常にありて無名《むめい》なり。
樸《あらき》は小なりと雖も、天下、能《よ》く臣とすること莫《な》き也。
侯王、若し能く之を守らば、万物、将《まさ》に自《みずか》ら賓たらんとす。
天地、相い合《がっ》し、以て甘露を降す。
民、之に令する莫くして自ら均《ひと》し。
始めて制するや、名有り。
名亦た既に有り、夫《そ》れ亦た将《まさ》に止《とど》まるを知らんとす。
止まるを知るは、殆《あや》うからざる所以《ゆえん》なり。
譬えば道の天下に在るは、猶《な》お川谷の江海《こうかい》に於けるがごとし。

〈道〉は、その永遠の真実において、無名である。(1)
樸(2)は、大したものでもなく見えようが、しかし、誰もそれを服従させることはできない。

王侯がそれをしっかりとつかまえたならば、万物はみずからやってきて敬意を表することだろう。[3]
天地は力を合わせて、甘露をくだすことだろう。
その国の民は、まるで法令や布告など下されることもないように、平和に治まる。[4]

しかし、ひとたびそれ〔樸〕が切り出されるや、そこに名前が生まれる。
名前が生み出されると、我々はどこで止まるべきかを知らねばならない。[5]
止まるべきところを知ることは、危険からのがれるということである。

〈道〉と天下のものとの関わりは、小川や渓流がすべて〈大河〉や〈海〉へと注いでゆくことにたとえられよう。[6]

注

（1）**別解**「〈道〉は永遠で、無名である」。
別解「〈道〉は永遠に無名である」。
（2）〈無名〉の存在はここでは樸にたとえられ、老子がよく用いるイメージ。
（3）「それ」とは「樸」によって表象される、絶対的な未分節の精神のことである。
（4）**別解**「その国の民は、和合することだろう」。
（5）さもないと、区別と分節の過程が、終わることなく無益にも進行してしまうから。

もしくは、我々は止まるところを知らねばならない、いったん名前のある領域に入れば、我々は名前に執着するようになり、名前（すなわち、もの）に執着すれば、自然と「価値ある」ものを所有したいという欲望に追い立てられてしまうから、という意味かも知れない。

（6）現象界におけるあらゆるものは、究極的にそれぞれの〈起源〉、〈道〉へと「復帰」するのであり、ちょうど小川や渓流が〈大河〉や〈海〉に帰するのと同様だ。

第三十三章

知人者智　自知者明
勝人者有力　自勝者強
知足者富
強行者有志
不失其所者久
死而不亡者壽

人を知る者は智なり、自《みずか》ら知る者は明なり。
人に勝つ者は力有り、自ら勝つ者は強し。
足るを知る者は富む。
強《つと》めて行う者は志有り。
其の所を失わざる者は久し。
死して亡びざる者は寿《ひさ》し。

他人のことが分かる人は利口だが、自分自身のことが分かる人は照らされた人だ。
他人に勝つ人は多力だが、自分自身に勝つ人は力強い。
満足を知る人は豊かである。
辛抱強くやりぬく人は、(1)意志が強い。(2)
自分の居場所を失わない人は、いつまでも元気だ。

死にはしても亡びることのない人は、(3) 本当の長寿を保つ。

注

（1）すなわち、〈道〉の実践を追求する点において。

（2）**別解**「間違いなく彼の意志を成し遂げることだろう」。

（3）すなわち、肉体の面では死んでも、精神の面では死なない人。

第三十四章

大道汎兮
其可左右
萬物恃之而生　而不辭
功成不有(1)
衣養萬物　而不爲主
常無欲　可名於小
萬物歸焉　而不爲主　可名爲大
以其終不自爲大　故能成其大

大道は汎《はん》たり。
其れ左右にすべし。
万物、之を恃《たの》みて生まるるも、而も辞せず。
功成りて有せず。
万物を衣養《いよう》して、而も主為《た》らず。
常に無欲にして、小と名づくべし。
万物、焉《これ》に帰するも、而も主為らず、名づけて大と為すべし。
其の終《つい》に自《みずか》ら大と為さざるを以て、故に能《よ》く其の大を成す。

大いなる〈道〉は水面に浮かぶもののよう。(1)
それはどこにでも行く、左へ右へと。

万物はそれのおかげで存在するが、それを自慢することがない。(2)

それはみずからの仕事を成し遂げるが、何の要求もしない。

それは万物に衣服や食料を与えるが、(3)威張り散らしたりはしない。

欲望から絶対的に自由であるから、(4)それは〈小〉と呼べよう。

万物はそのもとへともどってゆくが、それらの主人であることを求めたりしない。その点から、それは〈大〉と呼べよう。

しかし、それは自分自身を偉大だと思ったりはしない。だからこそ、その偉大さは完全なのだ。

注
(1)**別解**「溢れ出す水のようだ」。
(2)**別解**「それは何も拒否することがない」。
(3)**別解**「愛情をもって養う」(「衣服や食料を与える」の代わりに)。
(4)すなわち、その絶対無分節もしくは、無差別の状態に関して。

訳注
〔1〕王弼本は「不名有」と作るが、井筒は「不有」と作る本により解釈したらしい。

第三十五章

執大象　天下往　往而不害
安平太
樂與餌　過客止
道之出口　淡兮其無味
視之不足見
聽之不足聞
用之不可既

大象《たいしょう》を執《と》りて、天下に往き、往きて害されず。

安なり平なり太《たい》なり。

楽《がく》と餌《じ》と、過客《かかく》止まる。

道の口より出ずるや、淡として其れ無味なり。

之を視れども見るに足らず。

之を聴けども聞くに足らず。

之を用いれば既《つ》くすべからず。


大いなる〈像〉をしっかりと手に取り(1)、世界を行く人は、どこに行こうとも、害に遭うことがない(2)。

安全で、静かで、そして落ち着いたままだ。

美しい音楽やうまい料理が、旅行者を誘う。

しかし〈道〉が口から発せられると、味気なく無味なるものである。
それを目にしても、見るほどのものでもない。
それを耳にしても、聞くほどのものでもない。
しかしそれを用いてみると、人はそれが無尽蔵であることに気づくのだ。

注
（1）「大いなる像」とは〈像無きもの〉の〈像〉のこと、つまり〈道〉である。
（2）**別解**（句全体についての）「大いなる〈像〉をしっかりと手にした人のもとに、天下のものすべてが集まってくることだろう」。

第三十六章

將欲歙之　必固張之
將欲弱之　必固強之
將欲廢之　必固興之
將欲奪之　必固與之
是謂微明
柔弱勝剛強
魚不可脱於淵
國之利器　不可以示人

将《まさ》に之を歙《おさ》めんと欲せば、必ず固《もと》より之を張る。
将に之を弱めんと欲せば、必ず固より之を強くす。
将に之を廃せんと欲せば、必ず固より之を興す。
将に之を奪わんと欲せば、必ず固より之に与う。
是れを微明《びめい》と謂う。
柔弱は剛強に勝つ。
魚は淵を脱すべからず。
国の利器は以て人に示すべからず。

（〈道〉が）何かを縮ませようとする時には、しばらくの間、それを拡大させておく。
何かを弱めようとする時には、しばらくの間、それを強めておく。
何かを廃止しようとする時には、しばらくの間、それを高めさせる。

何かを取り去ろうとする時には、しばらくの間、それに与えておく。[1]
　これこそ「微妙な智慧」と私が呼ぶものである。[2]
　柔らかくて弱いものが、硬くて強いものにうち勝つ。
魚は、[3]深いところから離れてはならない。
国の鋭い武器は、[4]他人に見せてはならない。

注

（1）**別解**（この段落全体に対する）
「縮みそうなものは、まず伸びていなければならない。弱められようとするものは、まず強くされておかねばならない。

廃止されようとするものは、まず高められていなければならない。

取り除かれようとするものは、まず与えられておらねばならない」。
（2）**別解**「輝きをぼやかす（という原則）」。
（3）この部分の「魚」は、微妙な智慧の象徴であり、いつも心の奥深くに秘められてなければならぬものである。
（4）鋭い知性についての、比喩的な説明で（第五十七章を参照）、それらは公衆の目に触れぬよう隠しておかねばならない。

第三十七章

道常無爲　而無不爲
侯王若能守之　萬物將自化
化而欲作　吾將鎭之以無名之樸
無名之樸　夫亦將無欲
不欲以靜　天下將自定

道は常に無為にして、而《しか》も為さざるは無し。
侯王、若し能《よ》く之を守らば、万物、将《まさ》に自《おのずか》ら化せんとす。
化して而《しか》も作《おこ》らんと欲せば、吾、将に之を鎮《しず》むるに無名の樸《あらき》を以てせんとす。
無名の樸は、夫《そ》れ亦た将に欲無からんとす。
欲あらずして以て静かならば、天下、将に自《おのずか》ら定まらんとす。

〈道〉は永続的に作為なきままだが、(1) しかしすべてのことを成し遂げる。

もし王侯がこれ（この原則）にとどまることができたならば、万物は自分で育ち、大きくなることだろう。

しかし、成長の過程で、万物が（過度に）頭を上げようとするならば、(2) 私は無名の樸の重みによって、それらを鎮めることにしよう。

無名の樸は、万物を無欲の（原初的）状態にもどすだろう。

そして、（人々が）無欲になり、その結果、静かになれば、世界全体はひとりでに平和になることだろう。

注

（1）すなわち、無為の状態（不自然なこと、人工的なことを何もしないことによる）のこと。
別解「永遠の（もしくは絶対的な）〈道〉は、作為なきままだ」。

（2）**別解**「もし、成長した万物の中に（過度な）欲望が生じてきたならば」。「欲望〔原文「欲」〕」という語により、〈自然〉に反して積極的に動こうとする欲望を言う。

徳経

第三十八章

上德不德
是以有德
下德不失德
是以無德
上德無爲而無以爲
下德爲之而有以爲
上仁爲之而無以爲
上義爲之而有以爲
上禮爲之而莫之應
　則攘臂而扔之
故失道而後德
失德而後仁
失仁而後義
失義而後禮

上徳は徳とせず。
是《ここ》を以て徳有り。
下徳は徳を失わず。
是を以て徳無し。
上徳は無為にして、而《しか》して以て為す無し。
下徳は之を為して、而して以て為す有り。
上仁は之を為すも、而して以て為す無し。
上義は之を為し、而して以て為す有り。
上礼は之を為し、而して之に応《こた》うる莫《な》ければ、
　則ち臂《ひじ》を攘《から》げて之を扔《ひ》かん。
故に道を失いて而る後に徳あり。
徳を失いて而る後に仁あり。
仁を失いて而る後に義あり。
義を失いて而る後に礼あり。

夫禮者　忠信之薄
而亂之首
前識者　道之華
而愚之始
是以大丈夫處其厚　不居其薄
處其實　不居其華
故去彼取此

夫《そ》れ礼なる者は、忠信の薄きなり。

而して乱の首《はじめ》なり。

前識なる者は、道の華なり。

而して愚の始めなり。

是を以て大丈夫は其の厚きに処《お》りて、其の薄きに居らず。

其の実に処りて、其の華に居らず。

故《まこと》に、彼を去りて此を取る。


優れた徳をそなえた人は、自分の徳を意識することがない。

だからこそ、徳があるのだ。

劣った徳をそなえた人は、自分の徳を失うまいとする。(1)

だからこそ、徳を奪われているのだ。

優れた徳をそなえた人は、無為を守り、自分が何かをなしていることを意識したりしない。(2)

劣った徳をそなえた人は、なすことを続け、いつも自分が何かをなしていることを意識する。(3)

優れた仁をそなえた人は、ものをなすが、しかし自分が何かをなしていることを意識しない。(4)

優れた義をそなえた人は、ものをなし、自分が何かをなしていることを意識する。[5]
優れた礼をそなえた人は、ものをなすが、誰もそれに応答する者がなければ、腕まくりをして（礼儀の規則を）強要するだろう。

〈道〉が失われた後に、はじめて徳が突出するようになる。

徳が失われた後に、はじめて仁が突出するようになる。

仁が失われた後に、はじめて義が突出するようになる。

義が失われた後に、はじめて礼儀が突出するようになるのだ。


まさに礼は、忠実さと誠実さの不足を示すもの。[6]

それは、混乱の始まりだ。

洞察力は、[7]〈道〉の華やかな見かけだ。

それは、愚劣の始まりの印だ。

だから、真に偉大な人は、しっかりとした厚いもの[8]に自分自身を置き、薄いものの[9]上にはいない。

果実[10]をしっかりと守り、花[11]には身を置かない。

実に、かの人は後者を拒否し、前者を取るのだ。

注

(1) **別解**「自分の徳を意識することを決してやめようとしない」。

(2) **別解**〔原文「無以為」の解釈〕「何らかの秘められた動機によってなすこともない」。

異文〔「無不為」と作る本により〕「しかし、何かをなさずにおくこともない」。

(3) **別解**「何らかの秘められた動機によってなすことを、なす」。

(4) **別解**「しかし、何らかの秘められた動機によってなしはしない」。

(5) **別解**「何らかの秘められた動機によって、なす」。

(6) 礼儀は、忠実さや誠実さが少なくなってしまった時代に出現するのである。

(7) **別解**「ものごとが起こる前に、それを知ること」、もしくは「予知」。

(8) すなわち、忠実さと誠実さのこと、もしくは〈道〉そのもの。

(9) すなわち、礼儀と洞察力のこと。

(10) すなわち、実質のこと。

(11) すなわち、表面的な飾りのこと。

第三十九章

昔之得一者
天得一以清
地得一以寧
神得一以靈
谷得一以盈
萬物得一以生
侯王得一以爲天下貞
其致之一也〔1〕
天無以清　將恐裂
地無以寧　將恐發
神無以靈　將恐歇
谷無以盈　將恐竭
萬物無以生　將恐滅
侯王無以貴高　將恐蹶

昔の一《いつ》を得る者は、
天、一を得て以て清し。
地、一を得て以て寧《やす》らかなり。
神、一を得て以て霊たり。
谷、一を得て以て盈《み》つ。
万物、一を得て以て生く。
侯王、一を得て以て天下の貞為《ていた》り。
其れ之を致すは一なり。
天は以て清きこと無ければ、将《まさ》に裂かれんことを恐る。
地は以て寧らかなること無ければ、将に発《くず》れんことを恐る。
神は以て霊たること無ければ、将に歇《つ》きんことを恐る。
谷は以て盈つること無ければ、将に竭《つ》きんことを恐る。
万物は以て生くること無ければ、将に滅びんことを恐る。
侯王は以て貴高たる無ければ、将に蹶《たおさ》れんことを恐る。

故貴以賤爲本　高以下爲基
是以侯王自謂孤寡不穀
　此非以賤爲本耶　非乎
故致數譽無譽
不欲琭琭如玉　珞珞如石

故に貴《たっと》きは賤しきを以て本と為し、高きは下《ひく》きを以て基と為す。
是《ここ》を以て侯王は自《みずか》ら孤《こ》・寡《か》・不穀《ふこく》と謂う。
　此れ賤しきを以て本と為すに非ずや。非なるか。
故に「数誉を致せば誉れ無し」。
琭琭《ろくろく》として玉の如きを欲せざれ。珞珞《らくらく》として石の如くあれ。

いにしえより、〈一〉を有しているもののうち（次のようなものがある）、
天は、〈一〉を得ることによって、おだやかである。
地は、〈一〉を得ることによって、しっかりする。
霊は、〈一〉を得ることによって、神秘の力を発揮する。
谷は、〈一〉を得ることによって、満ちている。
万物は、〈一〉を得ることによって、生きている。(1)
王侯は、〈一〉を得ることによって、世界の標準となる。(2)
〈一〉こそが、こういったものをそのようにあらしめているのだ。

もし、それをおだやかにするものがなければ、天は分裂する。

もし、それをしっかりとさせるものがなければ、地は崩れる。

もし、それに神秘の力を発揮させるものがなければ、霊は活動をやめる。

もし、それを満たすものがなければ、谷は涸れ果てる。

もし、それらを生かし続けるもの[3]がなければ、万物は滅びる。

もし、彼らを高貴な地位に保つものがなければ、王侯は廃除されてしまう。


それゆえ、上位の者は、下位の者をその根として有しており、高い者は、低い者をその基礎としているのだ。

そういうわけで王侯たちは、「孤児」「徳無き者」「不幸な者」などと自称するのである。これは、下位にある者を自分の基礎としているからではなかろうか。そうではあるまいか。

だから、「あまりにも多くの名誉を手に入れようとすれば、結局、名誉は得られない[4]」(と言われる)。


輝く玉のようにはなるな。むしろ、粗い、磨かれざる石のようであれ[5]。

注

(1)**別解**「生まれる」。
(2)**別解**「無情な[2]」。

（3）**別解**　「それらを生み出すもの」。
（4）**別解**　「だから、最高の名誉とは、名誉を有しないことである」。
（5）**別解**　「玉のように輝くことも、石のように粗く硬いことも望むな」。

訳注

〔1〕王弼本には「一也」がないが、井筒は、王弼本には欠く「一也」を補う本により訳している。
〔2〕この別解には、何らかの誤まりがあるものと考えられる。

第四十章

反者　道之動
弱者　道之用
天下萬物生於有
有生於無

反《かえ》る者は、道の動《どう》なり。
弱き者は、道の用なり。
天下の万物は有より生ず。
有は無より生ず。

復帰することは、〈道〉の動き方である。
弱いあり方は、〈道〉のはたらき方である(1)。
天下の万物は、〈有〉から生み出される。
そして〈有〉は、〈無〉から生み出されるのである。

注

（1）最も本質的で特徴的な〈道〉の活動の側面は、（前に進み、常に動き続けるのではなく）その「復帰」の面と、（力強くものをなすのではなく）「弱くある」面において観察される。

第四十一章

上士聞道　勤而行之
中士聞道　若存若亡
下士聞道　大笑之
不笑　不足以爲道
故建言有之
明道若昧
進道若退
夷道若纇
上徳若谷
太白若辱
廣徳若不足
建徳若偸
質眞若渝
大方無隅

上士は道を聞き、勤めて之を行う。
中士は道を聞き、存するが若《ごと》く亡きが若し。
下士は道を聞き、大いに之を笑う。
笑わざれば、以て道と為すに足らず。
故に建言に之有り、
「明道《めいどう》は昧《くら》きが若し。
進道《しんどう》は退くが若し。
夷道《いどう》は纇《らい》なるが若し」と。
「上徳は谷の若し。
太白《たいはく》は辱《じょく》の若し。
広徳は足らざるが若し。
建徳は偸《とう》の若し。
質真は渝《ゆ》の若し。
大方《たいほう》は隅《ぐう》無し。

大器晩成
大音希聲
大象無形
道隠無名
夫唯道　善貸且成

大器は成るを晩《まぬか》（免）る。
大音は声希《まれ》なり。
大象《たいしょう》は形無し」と。
道は隠れて名無し。
夫《そ》れ唯だ道のみ、善く貸して且つ成す。

最も優れた度量の人物は、〈道〉を聞くと、熱心にこれを実践にうつす。中級の人物は、〈道〉を聞くと、半分は信じ、半分は不信の様子だ。低級の人物は、〈道〉を聞くと、笑い出す。(1)〔しかし〕笑われないようであれば、それは〈道〉と呼ばれるに値するものではないだろう。

古い、伝統的なことわざに、(2)次のように言う。
「明るい道は、暗く見える。(3)
まっすぐに前へと続く道は、後ろに退く道のように見える。(4)
平らかな道は、でこぼこでごつごつしたように見える。
最も優れた徳は、谷のように見える。(5)

最も純粋な白は、よごれたように見える。(6)
最も広い徳は、不十分なように見える。
最も完全な徳は、弱々しく見える。(7)
最も単純で純粋な色は、色あせて見える。(8)
最も大いなる四角は、(一見)角がないかのようだ。
最も大いなる容器は、未完成のように見える。(9)
最も大きな音は、ほとんど聞こえない。
最も大いなる像には、かたちがない」。

〈道〉は隠れたもので、無名である。
しかし、〈道〉だけが、あらゆるものを手助けし、完成させることにたけているのだ。(10)

注
(1) **異文** 「彼はそれが大げさな嘘だとみなして笑う」。〔「大而笑之」と作る本が存在する。〕
(2) 「建言」とは、字義通りには「確立された言葉」で、おそらくは古代の格言的な言説を集成した、ある書物のタイトルだとも言われる。
(3) **別解** 「〈道〉によって照らされた人は、まるで無知であるかのように見える」。
(4) **別解** 「〈道〉に邁進する人は、まるでそこから後退しているかのように見える」。

（5）すなわち、それは空っぽで虚しく見えるが、実は充実しているということ。

別解「最も高い徳を備えた人は、卑しい人のように見える」。

（6）**別解**「黒く」。

（7）**別解**〔原文は「偸」〕「怠け者」もしくは「愚か者」。

（8）**別解**「単純で誠実な人は、おべっか使いに見える」。

校訂を伴う別解〔「質徳若渝」と作る本文により〕「単純な徳は、堕落したもののように見える」。

（9）**別解**「最も大いなる容器は、ゆっくりと完成される」。

（10）**異文**〔「善始且成」と作る本に基づき〕「〈道〉だけが、〈始まり〉と〈終わり〉の両者であることができるものなのだ」、すなわち〈道〉は、超越的であり、〈始まり〉と〈終わり〉の両者からなる、唯一の〈真実〉であるということ。

第四十二章

道生一
一生二
二生三
三生萬物
萬物負陰而抱陽　沖氣以爲和
人之所惡　唯孤寡不穀
而王公以爲稱
故物或損之而益　或益之而損
人之所教　我亦教之　強梁者不得其死
吾將以爲教父

道は一を生ず。
一は二を生ず。
二は三を生ず。
三は万物を生ず。
万物は陰を負いて而《しか》して陽を抱く。沖気《ちゅうき》は以て和を為す。
人の悪《にく》む所は、唯だ孤《こ》・寡《か》・不穀《ふこく》なり。
而るを王公は以て称と為す。
故に、物或いは之を損じ而も益《ま》し、或いは之を益し而も損ず。
人の教うる所は、我も亦た之を教えん、「強梁《きょうりょう》なる者は其の死を得ず」と。
吾、将《まさ》に以て教えの父と為さんとす。

〈道〉が一を生じさせる。[1]
一が二を生じさせる。[2]
二が三を生じさせる。[3]
そして、三が万物を生じさせる。
万物は、背に〈陰〉を背負い、腕に〈陽〉を抱擁している。そして、その二つは、それらから生じた（第三の）力によって、調和的な統一を保つのだ。[4]

普通の人々は、「孤児〔孤〕」であること、「徳のないこと〔寡〕」、「不幸であること〔不穀〕」を、何よりも嫌う。

しかし王侯たちは、〔孤・寡人・不穀などと〕それらの言葉を自称として用いる。

このことは、ものは時に、[5]減らされることによって増やされ、また増やされることによって減らされることを、示している。

他の人が教えることを、私も教えよう、すなわち「向こう見ずで荒々しい者は、まともな死に方をしない」と。

これこそ、あらゆる教訓の父[6]であると、私は思う。

注

（1）「一」とは、それがはたらきだす直前の、存在論的な潜在状態にある〈有〉としての〈道〉であり、形而上的な根源、もしくはあらゆるものの始まりのこと。
（2）〔「二」とは〕陰と陽のこと、もしくは「天と地」。
（3）〔「三」とは〕陰、陽、そして、両者の間に生じた、第三の宇宙的な力。
（4）すなわち、陰と陽との力の、配合あるいは相互作用から生じた、その（第三の）力のこと。
（5）**別解**〔原文「或」〕「常に」。
（6）すなわち、あらゆる教訓のうち、最も基礎的なもの、ということ。

第四十三章

天下之至柔　馳騁天下之至堅
無有入無間
吾是以知無爲之有益
不言之教　無爲之益　天下希及之

天下の至柔《しじゅう》は、天下の至堅を馳騁《ちてい》す。
有る無くして、間《かん》無きに入る。
吾、是《ここ》を以て無為の益有るを知る。
不言《ふげん》の教え、無為の益、天下、之《これ》に及ぶこと希《まれ》なり。

この世界のあらゆるもののうち、最も柔らかいものが、(1) この世界のあらゆるもののうち、最もかたいもの(2)を支配する。(3)

それ自体の定まったかたちを持たず、隙間のないところにまで、それは浸透してゆく。

これによって、私は無為の価値に気づく。

言葉なき教えと無為のはたらき、この世界でそれらと対等なものは、ほとんどない。(4)

注

（1）すなわち、水のこと。

（2）すなわち、石や岩のこと。

（3）**別解**　「おし寄せる」。

（4）**別解**　「世界のほとんどのものが、それらを理解できない」。

第四十四章

名與身　孰親
身與貨　孰多
得與亡　孰病
是故　甚愛必大費
多藏　必厚亡
知足　不辱
知止　不殆
可以長久

名と身と、孰《いず》れか親しき。
身と貨と、孰れか多き。
得と亡と、孰れか病あり。
是《こ》の故に甚だ愛せば必ず大いに費す。
多く蔵せば必ず厚く亡《うしな》う。
足るを知れば、辱《はずかし》められず。
止《とど》まるを知れば、殆《あや》うからず。
以て長久たるべし。

あなたの名声とあなたの〈自己〉(1)とでは、どちらがあなたにとって大切なのか。
あなたの〈自己〉と富とでは、どちらがあなたにとって大事なのか。
ものを得るのと失うのとでは、どちらがあなたにとって有害なのか。(2)

それゆえ、程度のひどいものおしみは、(3)間違いなく大きな出費へとつながる。
あまりにも多くの富をためこむことは、間違いなく重大な損失へとつながる。

満足を知っていれば、辱めを受けることはない。
止まることを知っていれば、危険に遭うことはない。
そうなれば、いつまでも安全のまま過ごすことができる。

注

（1）**別解**「自分の肉体」。

（2）二つの可能性（一、名声と富を獲得する代わりに、あなたの〈自己〉を失うこと。それとも、二、あなたの〈自己〉を得る代わりに、名声と富を失うこと）のうち、どちらが自分にとって有害だと考えるのか。
この文は、「得」と「失」に関する観点から、さまざまに解釈されてきた。

（3）**別解**「ものへの過度な愛着は」。

第四十五章

大成若缺　其用不弊
大盈若冲　其用不窮
大直若屈
大巧若拙
大辯若訥
躁勝寒
靜勝熱
清靜爲天下正

大成は欠くるが若《ごと》し、其の用は弊《つか》れず。

大盈《たいえい》は冲なるが若し、其の用は窮まらず。

大直《たいちょく》は屈するが若し。

大巧は拙なるが若し。

大弁《たいべん》は訥《とつ》なるが若し。

躁は寒に勝る。

静は熱に勝る。

清静《せいせい》は天下の正為《た》り。


大いなる完成は、一見、不完全のようだが、しかし使ってみると、すりきれることがない。

大いなる充満は、一見、からっぽのようだが、しかし使ってみると、からになることがない。

大いなるまっすぐさは、一見、ねじれているかのようだ。

大いなる器用さは、一見、不器用だ。
大いなる雄弁は、一見、口ごもるかのようだ。

せわしく動きまわれば、寒さに打ち勝つ。
一方、静けさは熱さに打ち勝つ。[(1)]
落ち着いていて静かなものが、天下のものの基準[(2)]になるのだ。[(3)]

注

（1）このように、動と静とは両方ともそれぞれのあり方で役に立つが、しかし、その両者のうち、より重要で基礎的なのは、静である、という含意であるようだ。
（2）**別解**〔原文は「天下正」〕「天下のものの長となる」。
（3）**別解**（句全体についての）「落ち着きと静けさによって、天下を統治せよ」。

第四十六章

天下有道　卻走馬以糞
天下無道　戎馬生於郊
罪莫大於可欲
禍莫大於不知足
咎莫大於欲得
故知足之足　常足矣

天下、道有れば、走馬《そうば》を却《しりぞ》けて以て糞《ふん》す。
天下、道無ければ、戎馬《じゅうば》、郊に生ず。
罪は欲すべきより大なるは莫し。
禍は、足るを知らざるより大なるは莫し。
咎《とが》は、得んことを欲するより大なるは莫し。
故に足るを知るの足《そく》は、常に足る。

この世界に〈道〉が広がれば、[1] 足の速い馬は、田畑を耕すために送り返される。
この世界に〈道〉が広がらなければ、[2] 軍馬は、城郭のまわりで育てられる。
欲望に身を委ねるほど大きな罪はない。[3]
満足を知らぬことほど大きな不幸はない。

強欲なことほど大きな誤ちはない。
だから、満足する方法を知り、満足し続ける人が、いつも満足であり続けられるのだ。(4)

注
(1)すなわち、平和な時代のこと。
(2)すなわち、戦時や混乱時のこと。
(3)王弼本には欠けているこの一句は、河上公本や他の資料によって補ったものである。
(4)**別解**　「だから、満足を知ることに満足することが、永遠の(もしくは絶対の)満足なのである」。

第四十七章

不出戸　知天下
不闚牖　見天道
其出彌遠　其知彌少
是以聖人不行而知
不見而名
不爲而成

戸を出でずして、天下を知る。
牖《まど》を闚《うかが》わずして、天道を見る。
其れ出ずること弥《いよ》いよ遠くして、其れ知ること弥いよ少なし。
是《ここ》を以て聖人は行かずして知る。
見ずして名《あか》（明）るし。
為さずして成す。

戸口から外に出ることなしに、人は天下のすべてを知ることができる。
窓から外をのぞくことなしに、人は天のはたらきを見ることができる。
遠くに行けば行くほど、人は知ることが少なくなる。
そこで聖人は、出かけることなしにものを知る。

見ることなしに、かの人は鮮明にものを見る。[1]
なすことなしに、かの人はすべてを完成させる。

注
（1）**別解**　「見ることなく、かれはすべてに名前をつける（すなわち、見極める）ことができる」。

第四十八章

爲學日益
爲道日損
損之又損　以至於無爲
無爲而無不爲
取天下常以無事
及其有事　不足以取天下

学を為すは日《ひび》に益《ま》す。
道を為すは日に損ず。
之を損じて又た損じ、以て無為に至る。
無為にして而《しか》も為さざるは無し。
天下を取るに、常に事とする無きを以てす。
其の事有るに及びては、以て天下を取るに足らず。

学問を追求する人は、（知識が）日に日に増えてゆく。
〈道〉を追求する人は、（知識が）日に日に減ってゆく。
減らして、そしてさらに減らしてゆけば、しまいには無為の状態にいたるのだ。
無為の状態にいたったならば、なされぬままのことは、何もない。

「なすべきことは何もない」（という原則）を実践することで、一つの帝国すら手に入るのだ。

「なすべきことがある」（という原則）にこだわれば、一つの帝国を手に入れることは決してない。

第四十九章

聖人無常心
以百姓心爲心
善者吾善之
不善者吾亦善之
徳善
信者吾信之
不信者吾亦信之
徳信
聖人在天下　歙歙爲天下渾其心
百姓皆注其耳目
聖人皆孩之

聖人には常の心無し。
百姓《ひゃくせい》の心を以て心と為す。
善なる者は、吾、之を善とす。
不善なる者も、吾亦た之を善とす。
徳は善なればなり。
信なる者は、吾、之を信とす。
不信なる者も、吾亦た之を信とす。
徳は信なればなり。
聖人は天下に在りて、歙歙《きゅうきゅう》として天下の為に其の心を渾《こん》にす。
百姓は皆な其の耳目を注ぐ。
聖人は皆な之を孩《がい》にす。

聖人は、固着して動かないような、自分の心を持たない。

すべての人々の心を、自分の心にするのだ。


「よき人々を、私はよきものとして遇する。

しかし、よからざる人々も、私はよきものとして遇する。

人の根源的な性質は、よきものであるから」[1]。


「信ある人々を、私は信あるものとして遇する。

しかし、信なき人々も、私は信あるものとして遇する。

人の根源的な性質は、信あるものであるから」[2]。


聖人は、この世界にあって[3]、慎重にも、この世界のために、自分の心を混乱して曖昧なままに[4]保つ[5]。

普通の人々は、自分たちの目と耳とを緊張させている[6]。

聖人は、自分の目と耳とを幼児のように（自由に）保つ[7]。

注

（1）**異文**〔「得善」と作る本文により〕「このようにすれば、（真の）よさが得られるから」、もしくは「よき人々が得られるから」。

（2）**異文**〔「得信」と作る本文により〕「このようにすれば、よき信が得られるから」、もしくは「信ある人々が得られるから」。
（3）**別解**「天下のすべてに関して」。
（4）すなわち、かの人があらゆるものを無分別の心で受け入れられるように、ということ。
（5）**別解**（句全体についての）「聖人は天下のあらゆるものを、互いに分別することなく完全に一つにする。かくして、天下すべてのために、かの人は自分の心を混乱して曖昧なままにしておく」。
（6）すなわち、ものの分別をするために。
（7）あらゆるものが、一つとなっている（すなわち、無分節の）理想状態を述べたもの。

第五十章

出生入死　生之徒十有三
　死之徒十有三
　人之生動之死地　十有三
夫何故　以其生生之厚
蓋聞善攝生者　陸行不遇兕虎
　入軍不被甲兵
兕無所投其角
虎無所措其爪
兵無所容其刃
夫何故　以其無死地

出でては生き、入りては死す。生の徒は十に三有り、
　死の徒は十に三有り。
　人の生くるも動きて死地に之《ゆ》くもの、十に三有り。
夫《そ》れ何の故ぞ。其の生生の厚きを以てなり。
蓋《けだ》し聞く、「善く摂生する者は、陸行して兕虎《じこ》に遇わず、
　軍に入りて甲兵を被《こうむ》らず」と。
兕は其の角《つの》を投ずる所無し。
虎は其の爪を措《お》く所無し。
兵は其の刃を容るる所無し。
夫れ何の故ぞ。其の死地《しち》無きを以てなり。

一方の道が、生へといたり、他方の道が、死へといたるものであるとしよう。(一)十分の三は、生の道を行き、十分の三は、死の道を行き、そして十分の三は、生きてはいるものの、せわしく動きながら、みずから死

の領域へと赴く者たちである。(2)

なぜそうなのか。彼らが生をあまりにも熱心に追求するからだ。


聞くところでは、自分の生を保つのにたけた人は、陸上を旅しても、犀や虎に遭遇することがなく、戦いに出かけても、武器で傷つけられることがない、と。

犀がその角を向けるところなど、かの人の体のどこにもない。

虎がその爪を向けるところなど、かの人の体のどこにもない。

剣がその刃先を向けるところなど、かの人の体のどこにもない。

なぜそうなのか。かの人の中には死の兆候がないためだ。

注

（1）**別解** 「生（の領域）を抜け出し、[1]死（の王国）に進み入る時」、云々。

（2）**別解** （この段落全体についての）「（〈道〉から）抜け出すと、人は生き、（〈道〉に）進み入ると、人は死ぬ。十分の三は長寿の集団。十分の三は短命の集団。十分の三は（長寿として）生まれるが、しかしせわしく動くことで、みずから死の領域へと赴く者たちである」。

訳注

〔1〕この部分の英訳に不備があるが、意を汲んで訳した。

第五十一章

道生之　徳畜之　物形之　勢成之
是以萬物莫不尊道而貴徳
道之尊　徳之貴
　夫莫之命常自然
故道生之　徳畜之
長之　育之　亭之　毒之　養之　覆之
生而不有
爲而不恃
長而不宰
是謂玄徳

道、之を生じ、徳、之を畜《やしな》い、物、之を形《かたちづく》り、勢《いきおい》、之を成す。
是《ここ》を以て万物は道を尊び徳を貴ばざるは莫《な》し。
道の尊ばるること、徳の貴ばるることは、
　夫《そ》れ之に命ずる莫くして常に自然なり。
故に道、之を生じ、徳、之を畜う。
之を長じ、之を育て、之を亭し、之を毒し、之を養い、之を覆う。
生じて而《しか》も有せず。
為して而も恃《たの》まず。
長じて而も宰せず。
是れを玄徳と謂う。

〈道〉があらゆるものを生み出し、〈徳〉がそれらをはぐくみ、「物」がそれらに一定のかたちを与え、[1] そして自然の勢力が、[2] それらの成長を完成させる。

こういうわけで、万物の中で、〈道〉を敬わず〈徳〉をたっとばぬものはないのである。〈道〉が敬われ、〈徳〉がたっとばれるのは、誰かの命令によるわけではなく、それらが自然にそのようにあるからだ。

かくして、〈道〉はあらゆるものを生み出し、〈徳〉はそれらをはぐくむ。それは[3]、あらゆるものを成長させ、はぐくみ、一定のかたちをそれらに与え[4]、それらに特別な資質を提供し、それらを養い[5]、それらを保護する。

それは、あらゆるものを生むが、それが自分の持ち物だ、などとは言わない。
それは、偉大なことをなすが、それを自慢することはない[6]。
それは、あらゆるものを成長させるが[7]、それに権威を行使しようとはしない。
これが、私が（〈道〉の）神秘なる〈徳〉、と呼ぶものなのだ。

注
（1）すなわち、「物」へと成長することで、それぞれのものが、自分のかたちを得る、ということ。
（2）**別解**「その自然な力が」、もしくは「その環境的な状況が」（すなわち、ものとものとの相互関係を通して実現する、具体的な条件のこと）。

（3）すなわち、（その〈徳〉の助けを得た）〈道〉のこと。
（4）**別解**　〔原文は「亭」〕「それらを安定させ」。**異文**　〔「成」と作る異文により〕「それらを完成させ」、もしくは「それらを成熟させ」。
（5）**異文**　〔「蓋」と作る異文により〕「覆い」。
（6）**別解**　「それらに依存することはない」。
（7）**別解**　「それは、それらあらゆるものの長となるが」。

第五十二章

天下有始　以爲天下母
既知其母　復知其子
既知其子　復守其母　沒其不殆
塞其兌　閉其門　終身不勤
開其兌　濟其事　終身不救
見小曰明
守柔曰強
用其光　復歸其明　無遺身殃
是謂襲常[1]

天下に始め有り、以て天下の母と為すべし。
既に其の母を得て、復《ま》た其の子を知る。
既に其の子を知りて、復た其の母を守れば、没するまで其れ殆《あや》うからず。
其の兌《あな》を塞ぎ、其の門を閉ざせば、身を終うるまで勤《つか》れず。
其の兌を開き、其の事を済《ま》せば、身を終うるまで救われず。
小を見るを明と曰う。
柔を守るを強と曰う。
其の光を用いて、復た其の明に帰《き》せば、身の殃《わざわ》いを遺《のこ》すこと無し。
是れ常を襲うと謂う。

天下のあらゆるものは、万物の〈母〉とみなされる〈始まり〉を持っている。
〈母〉が分かれば、〈子〉も分かるものだ。

〈子〉を分かったうえで、〈母〉のもとへともどり、しっかりとつかまえていれば、人生を終えるまでずっと危険[1]に陥ることはない。

開いているところを閉ざし[2]、みずからの扉を閉めれば[3]、生きているあいだ、疲れ果てることはあるまい。

しかし、反対に、開いているものを閉ざさず、その〔開いているものの〕活動を増やし続けるならば、一生のうちに、救われることはない。

最も小さいもの[4]を見うること、私はそれを明るさと呼ぼう。

柔らかさと弱さを保ちうること、私はそれを強さと呼ぼう。

みずからの外にある光を用いながら、みずからの内なる明るさに復帰するならば、自分自身に不幸をもたらすことはない。

そのような状態を、私は「〈永遠〉に踏み入ること」と呼ぼう[5]。

注

（1）**別解**　「過ち」。

（2）「開いているもの」とは、すなわち、外界に向かって開かれている、感覚器官のこと。
（3）「扉」とは、すなわち、心、もしくは、理性の分別的なはたらきのこと。
（4）すなわち、感覚によってとらえることのできないもの、感覚認識の向こう側にあって、知覚できないもの。
（5）**別解**　「永遠（なる〈道〉の輝き）を覆うこと」。

訳注

〔1〕王弼本は「習常」と作るが、井筒は「襲常」と作る本により訳している。

第五十三章

使我介然有知　行於大道　唯施是畏
大道甚夷　而民好徑
朝甚除　田甚蕪　倉甚虛
服文綵　帶利劍　厭飲食　財貨有餘
是謂盜夸
非道也哉

我をして介然《かいぜん》と知有らしめば、大道を行くも、唯だ施《し》のみ是《こ》れ畏る。

大道は甚だ夷《たい》らかなり、而して民は径《こみち》を好む。

朝《ちょう》は甚だ除かるるも、田は甚だ蕪《あ》れ、倉は甚だ虚なり。

文綵《ぶんさい》を服し、利剣を帯び、飲食に厭き、財貨は余り有り。

是れ盗夸《とうか》と謂う。

道に非ざるかな。


もし私がわずかでも知識を持つならば、(1)たとえ大きな道を歩む時でさえ、道からはずれる重大な危険をおかすことになってしまうだろう。(2)

大きな道は平らかで安全なのに、人々は狭い近道を選びがちだ。

役所は非常に清潔であるのに、田野は荒廃し、穀倉はからっぽのまま。

それなのに、豪華な衣服をまとい、腰に鋭い剣を佩《は》き、飲食にも飽き足り、ありあまる富を持った人々が存在する。

これこそ、私が盗賊の贅沢な暮らしと呼ぶものだ。(3)

まさしくこれは、〈道〉からの逸脱である。

注

(1)「知識」というのは、すなわち、分別的な心のこと。

(2) **別解**「もし私が最小限の知(すなわち、〈道〉の真なる知)だけを身につけておけば、私はみずからを近道へとはずれてしまうことから守り、大きな道を歩むだろう」。

(3) **別解**(「盗賊の贅沢な暮らし」の代わりに)「盗賊の一番(すなわち、頭目)」。

第五十四章

善建者[1]不抜
善抱者不脱
子孫以祭祀不輟
修之於身　其徳乃眞
修之於家　其徳乃餘
修之於郷　其徳乃長
修之於邦[2]　其徳乃豐
修之於天下　其徳乃普
故以身觀身
以家觀家
以鄉觀鄉
以邦觀邦
以天下觀天下
吾何以知天下然哉

善く建つる者は抜かれず。
善く抱《いだ》く者は脱せず。
子孫は祭祀を以て輟《や》めず。
之を身に修むれば、其の徳は乃ち真なり。
之を家に修むれば、其の徳は乃ち余る。
之を郷《きょう》に修むれば、其の徳は乃ち長たり。
之を邦に修むれば、其の徳は乃ち豊かなり。
之を天下に修むれば、其の徳は乃ち普《あまね》し。
故に身を以て身を観《み》る。
家を以て家を観る。
郷を以て郷を観る。
邦を以て邦を観る。
天下を以て天下を観る。
吾、何を以て天下の然るを知るや。

以此

此を以てなり。

しっかりと植えつけられたものは、引き抜けない。[1]
しっかりと抱かれたものは、すべり落ちない。

これ（この原則）によってこそ、子孫による先祖祭祀がいつまでも平穏に続くのだ。

人がそれを、[2]自分自身においてみがけば、その効果は本物になる。[3]
人がそれを、家族においてみがけば、その効果は余りあるものになる。[4]
人がそれを、村においてみがけば、その効果は長く続く。[5]
人がそれを、国においてみがけば、その効果は豊かになる。[6]
人がそれを、世界においてみがけば、その効果は普《あまね》きものになる。[7]

人を見ることによって、[8]人を正しく見定められる。
家族を見ることによって、家族を正しく見定められる。
村を見ることによって、村を正しく見定められる。

国を見ることによって、国を正しく見定められる。
世界全体を見ることによって、世界全体を正しく見定められる。
世界全体がしかじかのようであると、どうして私に分かるのか。
私が先ほど述べたことによって、である。

注
(1)〈道〉の〈徳〉をしっかりと「植えつける」ことの必要性を述べたもの。
(2)〔「それ」、原文は「之」とは〕直前に述べた原則、もしくは〈道〉の〈徳〉そのもののこと。
(3)すなわち、人において。
(4)すなわち、家族において。
(5)すなわち、村において。
(6)すなわち、国において。
(7)すなわち、それが全世界に行きわたる、ということ。
(8)すなわち、まさにこの〔それぞれどのように修めているかという〕観点から、ということ。

訳注
〔1〕王弼本は「者」を欠くが、次句と符合するように、流布本により補う。
〔2〕王弼本は「國」と作るが、押韻に着目し、「邦」に作る。以下、同じ。

第五十五章

含徳之厚比於赤子
毒蟲[一]不螫
猛獸不據
攫鳥不搏
骨弱筋柔而握固
未知牝牡之合而全作　精之至也
終日號而不嗄　和之至也
知和曰常
知常曰明
益生曰祥
心使氣曰強
物壯則老
謂之不道
不道早已

含徳《がんとく》の厚きひと、赤子《せきし》に比す。
毒虫も螫《さ》さず。
猛獣も拠《きょ》せず。
攫鳥《かくちょう》も搏《う》たず。
骨は弱く筋は柔《じゅう》にして、而《しか》も握ること固し。
未だ牝牡《ひんぼ》の合を知らずして而も全作なるは、精の至りなり。
終日号《さけ》んで而も嗄《か》れざるは、和の至りなり。
和を知るを常《じょう》と曰う。
常を知るを明と曰う。
生を益《ま》すを祥と曰う。
心の気を使うを強と曰う。
物は壮《さか》んなれば則ち老ゆ。
之を不道と謂う。
不道は早く已《や》む。

十分な〈徳〉を自分自身に有する人は、幼児になぞらえられよう。

毒のある虫も、(1)それを刺そうとはしない。

獰猛な動物も、それに襲いかかろうとはしない。

猛禽も、それを狙おうとはしない。

その骨は弱く、その筋肉は柔らかだが、ものをつかむ力はしっかりとしている。

まだ男女の交合を知らないのに、全身が力に満ちている。(2)その生命力が、最高に高まっているからだ。

一日中、泣き叫んでいても、喉が嗄《か》れることがない。内なる自然の調和が、最高に高まっているからだ。


自然の調和を知ることは、永遠の〈真実〉と(一つに)なることだ。

永遠の〈真実〉を知ることは、明るく照らされることだ。

生命力を増進することは、不吉なことだ。

心にとって、生命の気を散らすことは、(3)乱暴な行いに他ならない。

あまりにも活潑で快活なものは、何であれまもなく老いぼれる。
これを、〈道〉に反する歩み、と呼ぼう。
〈道〉に反して歩むものは何であれ、まもなく終わりを迎える。(4)

注

（1）**異文**〔「毒蟲」を「蜂蠆虺蛇」と作る本により〕「蜂、蠍、毒蛇、蛇も」。
（2）**異文**〔「全作」を「朘作」と作る本により〕「その男根は力に溢れている」。
（3）**別解**「心に対して、生命の気（もしくは生命力）の強制的な命令を下すことは」云々。
（4）**別解**「〈道〉に反して歩むことを、すぐにもやめよ」。

訳注

〔1〕王弼本は「蜂蠆虺蛇」に作るが井筒は「毒蟲」とする本に従って読んで訳している。注1を参照。

第五十六章

知者不言　言者不知
塞其兌
閉其門
挫其鋭
解其分〔1〕
和其光
同其塵
是謂玄同
故不可得而親　不可得而疏
不可得而利　不可得而害
不可得而貴　不可得而賤
故爲天下貴

知る者は言わず、言う者は知らず。
其の兌《あな》を塞《ふさ》げ。
其の門を閉ざせ。
其の鋭を挫け。
其の分を解け。
其の光を和らげよ。
其の塵に同じくせよ。
是れを玄同と謂う。
故に得て親しむべからず、得て疏《うと》んずべからず。
得て利すべからず、得て害すべからず。
得て貴ぶべからず、得て賤しむべからず。
故に天下の貴と為す。

ものの分かる人は話さず、話す人にはものが分からない。

自己の開いているところを閉ざしなさい。(1)

自己の扉を閉めなさい。

自己の鋭さを鈍くしなさい。

自己のもつれをほどきなさい。

自己の輝きをやわらげなさい。

塵と一つになりなさい。(2)

これを私は、神秘なる無差別状態と呼ぼう。(3)


(このような状態にある人とは)親しく接することができないし、遠く離れるわけにもゆかない。

かの人に利益を与えることはできないし、害することもできない。

かの人をたっとぶことはできないし、卑しめることもできない。


かくして、かの人はこの世のあらゆるもののうち、最も貴いものとなる。

注

（1）第五十二章を参照。

（2）**別解**「自己の塵（すなわち、自己の粗っぽさや野卑なところ）を引き下げなさい」。

（3）**別解**「〈神秘なるもの〉と一つとなった状態」。

訳注

〔1〕井筒は王弼本の「分」を、「紛」と作る河上公本などに基づいて解釈している。

第五十七章

以正治國　以奇用兵
以無事取天下
吾何以知其然哉
以此
天下多忌諱　而民彌貧
民多利器　國家滋昏
人多伎巧　奇物滋起
法令滋彰　盗賊多有
故聖人云
我無爲　而民自化
我好静　而民自正
我無事　而民自富
我無欲　而民自樸

正を以て国を治め、奇を以て兵を用いる。
無事《むじ》を以て天下を取る。
吾、何を以て其の然るを知るや。
此を以てなり。
天下、忌諱《きき》多く、而《しか》して民、弥《いよ》いよ貧し。
民、利器多くして、国家、滋《ます》ます昏《くら》し。
人、伎巧《ぎこう》多くして、奇物、滋ます起こる。
法令、滋ます彰《あら》われ、盗賊、有ること多し。
故に聖人云う、
「我は無為にして民、自《おのずか》ら化す。
我は静を好みて、民、自ら正し。
我は無事にして、民、自ら富む。
我は欲無くして、民、自ら樸《あらき》たり」。

国は廉直によってうまく治まり、戦いは策略によって勝ちを得る。
しかし世界全体は、無為によってのみ手にすることができるのだ。
どうしてそうだと私に分かるのか。
　以下の観察によってだ。

制限や禁止が、この世界に多くなればなるほど、人々はますます貧しくなる。
人々が凝った道具[1]を持つようになればなるほど、国はますます混乱する。
人々が技能や技術を身につければつけるほど、奇怪なものがますます生産される。
法律や規則が公布されればされるほど、泥棒や盗賊がますます増える。

そこで聖人は言う。
「私が無為のままでいれば、人々は自分たちで変化する。
私が静けさを好めば、人々は自分たちで正しくなる。
私が何か干渉をしなければ、人々は自分で繁栄する。
私が欲望から解き放たれていれば、人々は自分で樸のようになるのだ」。

注

（1）**別解**　「鋭い武器」。

第五十八章

其政悶悶　其民淳淳
其政察察　其民缺缺
禍兮福之所倚
福兮禍之所伏
孰知其極　其無正
正復爲奇
善復爲妖
人之迷　其日固久
是以聖人方而不割
廉而不劌
直而不肆
光而不燿

其の政《まつりごと》、悶悶たれば、其の民、淳淳たり。
其の政、察察たれば、其の民、欠欠たり。
禍は福の倚《よ》る所なり。
福は禍の伏する所なり。
孰《たれ》か其の極を知る。其れ正は無きか。
正は復して奇と為る。
善は復して妖と為る。
人の迷うや、其の日は固《もと》より久し。
是《ここ》を以て聖人は方《ほう》にして割《さ》かず。
廉《れん》にして劌《きずつ》けず。
直にして肆《の》ばさず。
光りて燿《くらま》さず。

政治の仕方がぼんやりとしてゆるやかであれば、人々は単純で素朴のままだ。
政治の仕方が鋭く機敏であれば、人々はいつまでも不満だらけになってしまう。[1]

不幸とは、幸福がそれによりかかるもの。
幸福とは、不幸がそこに潜り込むもの。
誰が、限界を知っているのか。[2]どうやら、定まった基準はないようだ。
正しい（と思われている）ものが、正しくないものに変わる。
よい（と思われている）ものが、悪いものに変わる。
実に、人間は長いあいだ、困惑の中にあるのだ。

それゆえ、聖人は四角四面ではあるが、[3]ものを切ることがない。
角だってはいるが、[4]他の者を傷つけることがない。
まっすぐではあるが、他の者を引き伸ばすことがない。[5]
〔照らされて〕光り輝いてはいるが、他の者を眩惑することがない。

注

（1）**別解**　「人々は貧困に陥る」。

（2）すなわち、不幸と幸福とを分ける真の分かれ目、もしくは、この交代の過程の始まりと終わりのこと。

（3）すなわち、厳格でいかめしい、ということ。

（4）〔原文「廉」とは〕すなわち、「角がある」ということで、厳しく柔軟性がないこと。

（5）**別解**「とりとめもなく手を広げることがない」。

第五十九章

治人事天　莫若嗇
夫唯嗇　是謂早服
早服　謂之重積德
重積德　則無不克
無不克　則莫知其極
莫知其極　可以有國
有國之母　可以長久
是謂深根固柢
長生久視之道

人を治め天に事《つか》うるに、嗇《しょく》に若《し》くは莫《な》し。
夫《そ》れ唯だ嗇のみ、是れ早服《そうふく》と謂う。
早服、之を徳を重積《ちょうせき》すと謂う。
徳を重積すれば、則ち克《か》たざる無し。
克たざる無ければ、則ち其の極を知る莫し。
其の極を知る莫ければ、以て国を有《たも》つべし。
国を有つの母は、以て長久たるべし。
是れを深根固柢《しんこんこてい》と謂う。
長生久視の道なり。

人を統治し、〈天〉につかえるには[1]、倹約にまさるものはない。
倹約であることによってのみ、かの人は、まさにその始まりから（〈道〉と）一致している[2]、と称されるだろう。

まさにその始まりから〈道〉と）一致していることにより、その人は、〈徳〉を倍にし、さらにその倍にする、[3]と称されるだろう。

〈徳〉を倍にし、さらにその倍にしたならば、克服できないことは何もなくなるだろう。

克服できないことが何もなければ、かの人の力の限界は分からないほどだ。

力の限界が分からないほどの人は、王国の保持にふさわしくなる。

王国の「母」を持つ人は、いつまでも長くあり続けることができよう。[4]

これこそ、深い根としっかりとした幹を持つ道、と私が呼ぶものだ。

これが長寿と、まばたきをせずにものを見つめる道なのだ。[5]

注

（1）「〈天〉につかえる」という句は、道家においては、しばしば精神的・肉体的な自分の健康を増進することを意味する。そのもとになっているのは、人間の命は、〈天〉からのありがたい贈り物であるという考え方だ。だから、生命力を増進することにより、人は実に〈天〉につかえるのだ。「倹約」である、というのは、この文脈においては、人間の精神的・肉体的な力を節約することである。しかし、「〈天〉につかえる」とは、通常の意味、すなわち宗教的敬虔さのこととも理解できる。

（２）**別解**　「倹約であること、それを「すみやかな復帰」と呼ぼう」、すなわち、健康という根源的な状態にすみやかに復帰すること。

校訂を伴う別解　〔「早服」の代わりに「早復」と作る本文により〕「倹約であれば、すみやかに回復することができる」。

（３）**別解**　「すみやかに復帰する（もしくは回復する）ことは、〈徳〉を倍にし、さらにその倍にすることだ」。

（４）**別解**　「(倹約は) 王国を維持する「母」（つまり、基礎的な原則）だ。そして、人はそれによっていつまでも長くあり続けることができる」。

「王国の母」というのは、王国を維持しうるための、最も根本的な原則、ということ。先に言及のある「倹約」を述べたもののようだ。この原則を日常生活に適用することで、我々は長寿を手に入れることができよう。

（５）まばたきをせずに目でものを見つめることは、健康を増進するために、古代の道家が洗練した技術であった。

第六十章

治大國　若烹小鮮
以道莅天下　其鬼不神
非其鬼不神　其神不傷人
非其神不傷人
聖人亦不傷人
夫兩不相傷　故徳交歸焉

大国を治むるは、小鮮《しょうせん》を烹《に》るが若《ごと》し。

道を以て天下に莅《のぞ》めば、其の鬼《き》、神たらず。

其の鬼、神ならざるに非ず、其の神、人を傷つけず。

其の神、人を傷つけざるのみに非ず。

聖人も亦た人を傷つけず。

夫《そ》れ両《ふた》つながら相い傷つけず、故に徳交わりて焉《これ》に帰す。


大国を治めるのは、小魚を調理するようなものだ。(1)


〈道〉と調和してこの世界を治める時、霊たちは、(2)自分の力をあらわすことがない。

霊たちに力が与えられないというわけでなく、彼らの超常的な力が人間を害することがないのである。(3)

かくして、霊たちは人間に害を与えない。

同じように、聖人も人間を害しない。(4)

実に、この両者ともが害を与えることがないならば、かれらの持つ徳は、互いに混じり合うこととなろう。(5)

注

(1)かき回したりつついたりすべきではない。つまり、無為こそが大国を治める正しい道ということだ。

(2)この「霊たち」は、マネス(manes)のことで、人間の肉体が死んだ後に残る霊魂である。この一文の意味は、霊たちは、生きている人間に不幸と災難をもたらすことで、自分たちの悪しき力をあらわしたりはしない、ということ。

(3)**別解**「その霊たち(つまり、死者の霊魂)が彼らの力をあらわすことをやめるのみならず、その他の霊的存在も、人々を傷つけない」。

(4)すなわち、人々に重い罰を与えることによって、ということ。ここに見える「聖人」は、一国の統治者としての聖人、「聖王」のことである。

(5)結果として、人々は聖王と霊たちとから与えられる利益を余すところなく楽しむようになり、この世界が平和になる、という含意。

第六十一章

大國者下流
天下之交
天下之牝
牝常以靜勝牡
以靜爲下
故大國以下小國　則取小國
　小國以下大國　則取大國
故或下以取　或下而取
大國不過欲兼畜人
小國不過欲入事人
夫兩者各得其所欲
大者宜爲下

大国は下流なり。
天下の交《こう》なり。
天下の牝《ひん》なり。
牝は常に静かなるを以て牡《ぼ》に勝つ。
静かなるを以て下《くだ》ることを為す。
故に大国は小国に下るを以て、則ち小国を取る。
　小国は大国に下るを以て、則ち大国に取らる。
故に或いは下りて以て取り、或いは下りて而して取らる。
大国は人を兼ね畜《たくわ》えんと欲するに過ぎず。
小国は入りて人に事《つか》えんと欲するに過ぎず。
夫れ両者の各《おの》おの其の欲する所を得《う》。
大いなる者は、宜しく下ることを為すべし。

大国は、河の下流である。

それは、すべての世界（の流れ）が集まる場所である。

それは、世界全体の〈牝〉なのである。


牝は静けさを保つことにより、常に牡に打ち勝つ。

静かであって、牝は低い地位に居る。


だから、大国は低い地位を占めながら、小国を併合する。一方、小国は、低い地位を占めながら、大国に併合されてゆくのである。

かくして、低い地位を占めつつ、他国を併合する国もあれば、低い地位を占めつつ、併合されてしまう国もあるのだ。

大国が望むのは、できるかぎり（多く）の人々を国内に有することだけなのだ。

小国が望むのは、他国に包含され、奉仕することだけなのだ。

この両者が、このような仕方で、自分の望みをかなえる。

しかし、より大きなものが、より低い地位に身を置くことこそが、特に適切なのだ。

第六十二章

道者　萬物之奥
善人之寶
不善人之所保
美言可以市
尊行可以加人
人之不善　何棄之有
故立天子　置三公
　雖有拱璧以先駟馬
　不如坐進此道
古之所以貴此道者何
不曰求以得〔一〕　有罪以免耶
故爲天下貴

道なる者は、万物の奥《おう》なり。
善人の宝なり。
不善人の保たるる所なり。
美言《びげん》は以て市《う》るべし。
尊行は以て人に加うべし。
人の善からざるは、何ぞ棄つること之有らん。
故に天子を立て、三公を置くに、
　拱璧《きょうへき》の以て駟馬《しば》の先にする有りと雖も、
　坐して此の道を進むるに如《し》かず。
古の此の道を貴ぶ所以《ゆえん》の者は何ぞや。
求むるを以て得《え》、罪有るも以て免かると曰わずや。
故に天下の貴と為る。

〈道〉とは、万物の究極的な深淵である。[1]
それは、よき人の宝である。
それは、よくない人の逃げ場所でもある。

美しい言葉は、市場で売ることができる。

尊い行いは、他の者以上の存在に、人を高める。[2][3]

しかし、よくない人を（単純に）見捨ててよい道理はあるまい。

かくして、[4]帝王が帝位に即いて、三人の高位の大臣が任命される時、〔贈り物として〕彼らに四頭だての馬車を従えた大きな璧玉を送るよりも、[5]静かに座ったまま、簡単に〈道〉を差し出す方がよいのだ。

昔の人々は、なぜこれほど〈道〉を尊んだのであろうか。

それによって、自分の欲しいものを手に入れ、罪の帰結すら逃れることができるためではなかろうか。

だから、それはこの世で最も貴いものとなったのだ。

注

(1)〔原文の「奥」は〕文字通りには「家の西南の角」(つまり、家の中で最も大切で、宗教的に最も重要な場所ということ)。この一文全体の意味は、一、〈道〉は、あらゆるもののための穀倉のような存在で、あらゆるものをしまう場所である、ということか、もしくは、二、〈道〉は、あらゆるものに内在しており、それぞれのものの最も貴重で重要な一部である、ということのようだ。

(2)**別解**「尊い(もしくは、礼儀正しい)行いは、人を利するものである」。

(3)この文脈におけるこの二文の含意は、おそらく、美しい言葉や尊い行いといった「よき」ものが大切であることは明らかである。しかし、一見するとよくないものであっても、〈道〉の観点から見れば、同様に大切である、ということであろう。

(4)すなわち、〈道〉はこのように最上の価値を持つものであるから、ということ。

(5)すなわち、習慣通りに、ということ。

訳注

〔1〕王弼本は「以求得」と作るが、井筒は「求以得」とする本によって訳している。

第六十三章

爲無爲
事無事
味無味
大小多少
報怨以德
圖難於其易　爲大於其細
天下難事　必作於易
天下大事　必作於細
是以聖人終不爲大　故能成其大
夫輕諾必寡信
多易必多難
是以聖人猶難之
故終無難矣

無為を為す。
無事《むじ》を事とす。
無味を味わう。
小を大とし、少を多とす。
怨みに報いるに徳を以てす。
其の易《やす》きに於いて難《かた》きを図れ。其の細《こま》かきに於いて大を為せ。
天下の難事は、必ず易きに於いて作《おこ》る。
天下の大事は、必ず細かきに於いて作る。
是《ここ》を以て聖人は終《つい》に大を為さず、故に能《よ》く其の大を成す。
夫《そ》れ軽がるしく諾せば必ず信寡《すく》なし。
多く易しとなせば、必ず難きこと多し。
是を以て聖人すら猶《な》お之を難しとす。
故に終に難きこと無し。

なさぬことによって、ものごとをなす。

ひたすらものごとに関与しないことによって、ものごとに関与する。

味のないものに、味わいを見出す。

小さいなものを大きいとみなし、少ないものを多いとみなす。

自分に悪いことをした相手には、よいことで返す。

やさしい問題であっても、難しい問題として対処せよ。小さなものごとであっても、大きなものごととして引き受けよ。[1]

この世界のあらゆる難事は、易しいことから起こる。

この世界のあらゆる大事は、小さなことから起こる。

それゆえ、聖人は大事を決して引き受けない。

だからこそかの人は最終的に大事を成し遂げるのだ。

安請け合いをする人間は、自分の言葉を守ることがほとんどない。

多くのことを易しいと思い込む人間は、多くの困難に遭遇する。

だから、聖人でさえ難事としてあつかうものごとが存在するのだ。
かの人が結局は困難に遭遇しない理由である。

注

（1）この段落のすべての句は、それぞれ主語を「聖人」として理解すれば、記述がたいへん分かりやすくなる。例えば「(聖人は）何もしないことによって、ものごとをなす」、などと。

第六十四章

其安易持
其未兆易謀
其脆易泮
其微易散
爲之於未有
治之於未亂
合抱之木　生於毫末
九層之臺　起於累土
千里之行　始於足下
爲者敗之　執者失之
是以聖人無爲　故無敗
無執　故無失
民之從事　常於幾成而敗之
愼終如始　則無敗事

其の安きは、持《たも》ち易し。
其の未だ兆《きざ》さざるは、謀《はか》り易し。
其の脆きは泮《と》き易し。
其の微かなるは散じ易し。
之を為すに、未だ有らざるに於いてす。
之を治むるに、未だ乱れざるに於いてす。
合抱《ごうほう》の木は、毫末《ごうまつ》より生ず。
九層の台は、累土《るいど》より起こる。
千里の行《こう》は、足下《そっか》より始まる。
為す者は之を敗る。執《と》る者は之を失う。
是《ここ》を以て聖人は為すこと無し。故に敗ること無し。
執ること無し。故に失うこと無し。
民の事に従うや、常に幾《ほと》んど成らんとするに於いて、之を敗る。
終わりを慎むこと、始めの如くせよ。則ち敗事、無からん。

是以聖人　欲不欲
不貴難得之貨
學不學
復衆人之所過
以輔萬物之自然
而不敢爲

是を以て聖人は欲せざるを欲す。
得難きの貨を貴ばず。
学ばざるを学ぶ。
衆人の過ぐる所に復《ふく》す。
以て万物の自然を輔《たす》く。
而して敢えて為さず。

ものがまだしっかりとしている間に、つかまえることは、易しい。
兆候が現れ始める前に、ものごとをあつかうことは、易しい。
ものが柔らかく弱々しいうちに、解決することは、易しい。
ものごとが微少なうちに、四方に散らすことは、易しい。

ものが存在するようになる前に、それに対処せよ。
ものが混乱に陥る前に、順序立てて並べよ。
幹がひとかかえもあるような大きな樹木も、毛髪のように細い芽から生えたものだ。
九階建ての楼閣も、土のひと盛りから建てられたものだ。
千里の遠くにいたる旅行も、足もとのまさにその点から始まるものだ。

何かをなそうとする者は、みなそれを傷つける。

それに固執する者は、みなそれを失う。


聖人は、何も企てようとしない。

それゆえ、かの人は何をも傷つけない。

かの人は、何にも固執しない。

それゆえ、かの人は何も失わない。


どのような事業であれ、普通の人々は、まさに完成しようという瀬戸際で、それを駄目にしてしまう。

ものの終いに注意を向けよ、その始まりと同様に。

そうすれば、自分の仕事を傷つけてしまうことは、決してない。

だから、聖人は、無欲であることを欲する。(1)

かの人は、手に入れがたいような物を重んじない。

かの人は、学ばないことを学ぶ。(2)

かの人はこうして、普通の人々が通り過ぎてしまうところに、(3)絶えずもどってくるのだ。

かくして、かの人は万物がそなえている自発的なものを助ける。
〔とはいえ〕自分自身の行為によって、それに干渉しようとはしない。

注

（1）**別解**「聖人は、（普通の人々が）欲しないことを欲する」。

（2）**別解**「かの人は、（普通の人々が）学んでいないことを学ぶ」。

（3）普通の人々が、その存在に気づくこともなく通り過ぎてしまうようなもの、つまり、〈道〉の自然な単純さのこと、例えば、「樸《あらき》」のような。

別解一「普通の人々が欠点（もしくは、過ち）だと思うようなこと」。

別解二（句全体についての）「かの人は、何であれ普通の人々があまりにも遠くに押しやってしまったものを（自然の状態に）取り戻す」。

第六十五章

古之善爲道者　非以明民
　將以愚之
民之難治　以其智多
故以智治國　國之賊
不以智治國　國之福
知此兩者　亦稽式
常知稽式　是謂玄德
玄德深矣　遠矣
與物反矣
然後乃至大順

古の善く道を為す者は、以て民を明らかにするに非ず、
　将《まさ》に以て之を愚かにせんとす。
民の治め難きは、其の智の多きを以てなり。
故に智を以て国を治むるは、国の賊なり。
智を以て国を治めざるは、国の福なり。
此の両者を知るは、亦た稽式《けいしき》なり。
常に稽式を知る、是れを玄徳と謂う。
玄徳は深し、遠し。
物と反す。
然る後に乃ち大順《たいじゅん》に至る。

昔から、〈道〉の実践に優れた人は、民衆を知識によって啓蒙するために〈道〉に頼ることなく、むしろ彼らを無知の状態へと連れ戻す。

もし、人々が治め難いとすれば、彼らがあまりにも多くの知識を持っているせいである。

かくして、知識という手段によって国を治める人は、その国を傷つける。

知識という手段によって国を治めることのない人は、[1]国に繁栄をもたらす。

この二つを知ることは、[2]（統治者の）度量衡の標準の一部である。[3]
そして、あらゆる面について度量衡の標準を知ることは、私が神秘なる徳と呼ぶものである。

神秘的な徳は、深く、そして遠くにまで及ぶ。

一見すると、それはものの自然に反するもののようだ。

しかし、それは究極的に、大いなる協調へと復帰するのである。[4]

注
（1）すなわち、国を治めるのに、知識ではなく、無為の原則による人、ということ。
（2）すなわち、国を治めるための二つの方法の根本的な違いを知るということで、つまり、一、知識による方法、と、二、知識なき仕方、すなわち無為による方法、である。
（3）**別解**「これら二つは、結局のところ、（統治のための）基礎的な規範であることを、知るべきである」。
（4）すなわち、〈道〉のはたらきの大いなる法則と協調する、ということ。

第六十六章

江海所以能爲百谷王者　以其善下之
　故能爲百谷王
是以欲上民　必以言下之
欲先民　必以身後之
是以聖人處上而民不重
處前而民不害
是以天下樂推而不厭
以其不争
故天下莫能與之争

江海《こうかい》の能《よ》く百谷《ひゃっこく》の王と為る所以《ゆえん》の者は、其の善く之に下《くだ》るを以てなり。
　故に能く百谷の王と為る。
是《ここ》を以て民に上《かみ》たらんと欲せば、必ず言《げん》を以て之に下る。
民に先んぜんと欲せば、必ず身を以て之に後《おく》る。
是を以て聖人は上に処《お》りて而《しか》して民は重しとせず。
前に処りて而して民は害とせず。
是を以て天下は推すを楽しみて而も厭《あ》かず。
其の争わざるを以てなり。
故に天下、能《よ》く之と争うこと莫《な》し。

大いなる〈河〉(一)と〈海〉とが、あらゆる谷の王たりえる理由は、河と海とが低い位置に居ることに満足しているためだ。それゆえ、河と海とはあらゆる谷の王となった。

この原則に基づき、もし人々を統治しようとするならば、言葉づかいの点で、[2]彼らに対して自分自身を低くしなければならない。

もし人々の先頭に立とうというならば、彼らよりも遅れて行かねばならない。


このようにして、聖人は、人々の上にいるのだが、人々はその重みを感ずることがない。

人々の前にいるのだが、人々は聖人が邪魔だとは思わない。

かくして、世界全体が、聖人を支えることを楽しんで、かの人にうんざりすることが決してないのだ。

かの人は、誰とも争わない。

だからこそ、世界の誰も、かの人と争うことなどありえない。

注
(1)すなわち、揚子江〔長江〕のこと、もしくは大河一般のこと。
(2)すなわち、謙虚な言葉を使うことで。

第六十七章

天下皆謂我道大　似不肖
夫唯大　故似不肖
若肖　久矣其細也夫
我有三寶　持而保之
一曰慈
二曰儉
三曰不敢爲天下先
慈故能勇
儉故能廣
不敢爲天下先　故能成器長
今舍慈且勇　舍儉且廣
　舍後且先　死矣
夫慈　以戰則勝　以守則固
天將救之　以慈衞之

天下、皆な我の道は大なるも、不肖なるに似たり、と謂う。
夫《そ》れ唯だ大なり、故に不肖に似る。
若し肖ならば、久しからん、其の細きこと。
我に三宝有りて、持して之を保つ。
一に曰く慈。
二に曰く倹。
三に曰く敢えて天下の先と為らず。
慈なるが故に能《よ》く勇たり。
倹なるが故に能く広し。
敢えて天下の先と為らず、故に能く成器の長たり。
今、慈を舍《す》てて且《まさ》に勇ならんとし、倹を舍てて且に広《こう》ならんとし、
　後を舍てて且に先ならんとするは、死せん。
夫れ慈にして以て戦わば則ち勝たん。以て守らば則ち固し。
天、将《まさ》に之を救わんとせば、慈を以て之を衛《まも》る。

天下の人々はみな、私が支持する〈道〉は確かに巨大だが、馬鹿げているように見える、と言う。(1)

さよう、それは巨大であるがゆえに、馬鹿げているように見えるのだ。

もしそれが賢しくて聡明なものであるならば、とうの昔に衰えてしまっていただろう。


私には三つの宝があり、しっかりとつかまえて、大切にしている。

一つ目は、慈悲だ。

二つ目は、倹約だ。

三つ目は、あえて世界の先頭に立たぬことだ。


慈悲深いから、私は勇敢である。

倹約であるから、私は寛容である。

あえて世の中の先頭に立たぬから、すべての有能な人たちの長となることができる。(2)

もし人が、慈悲もないのに勇敢であろうとつとめ、また、倹約でもないのに寛容であろうとつとめ、
また、後ろにいることなく、世の中の先頭に立とうとつとめるとするならば、その結果として、死を

免れることはない。

慈悲の心から戦うならば、戦闘に勝つであろうし、慈悲に守られた国は、難攻不落となるであろう。〈天〉それ自体にとって言うなら、それが（何かを）救おうとする時、それを慈悲によって守るのだ。(3)

注

（1）**異文**〔「道」を欠く異本により〕「私は確かに巨大だが、馬鹿げているように見える、と言う」。

（2）**別解**「すべての官僚たち」。

（3）**別解**「〈天〉それ自体は、慈悲によって守ることにより、（国などを）救う準備ができているからだ」。

第六十八章

善爲士者不武
善戰者不怒
善勝敵者不與
善用人者爲之下
是謂不争之徳
是謂用人之力
是謂配天
古之極

善く士為《た》る者は武ならず。
善く戦う者は怒らず。
善く敵に勝る者は与《くみ》せず。
善く人を用いる者は之が為に下る。
是れを争わざるの徳と謂う。
是れを人の力を用いると謂う。
是れを天に配すと謂う。
古の極なり。

優れた武士は、武力を用いない[1]。
優れた戦士は、怒りに我を忘れることがない。
敵を倒すことにたけた者は、敵を敵としてあつかわない。

人を使うことにたけた者は、彼らの前で謙虚である。

これを私は、争わないことの徳、と呼ぼう。
これを私は、他の者の能力を最大限に発揮させるもの、と呼ぼう。
これを私は、〈天〉に沿うこと、と呼ぼう。
これが、古代の人々の、最上の原則である。(2)

注
（1）**別解**　「憤怒をあらわさない」。
（2）**校訂を伴う別解**　（最後の文につき、「古」を省き）「これを私は、〈天〉の最上の原則と完全なる調和にあること、と呼ぼう」。

第六十九章

用兵有言
吾不敢爲主而爲客
不敢進寸而退尺
是謂
行無行
攘無臂
扔無敵
執無兵
禍莫大於輕敵
輕敵　幾喪吾寶
故抗兵相加　哀者勝矣

兵を用いるに言有り。
「吾、敢えて主と為らず、而《しか》して客と為る。
敢えて寸も進まず、而して尺を退く」と。
是れ謂う。
「行きて行く無し。
攘《から》げて臂《ひじ》無し。
扔《ひ》きて敵無し。
執りて兵無し」と。
禍いは敵を軽んずるよりも大なるは莫《な》し。
敵を軽んずれば、幾《ほとん》ど吾が宝を喪わん。
故に兵を抗《あ》げて相い加うれば、哀しむ者は勝たん。

兵法家たちの、こんな言葉がある。

「私は攻撃的な態度をとらず、守備的な側に立つ。一寸分、進むより、一尺分、後退する」と。

これは、諺に言われる次のことだ。

「行進するが、行進することがない。

腕まくりをするが、腕をあらわにすることがない。

敵を捕らえるが、捕まえることがない。

武器を手に取るが、手に取ることがない」と。(1)

敵を小さく見積もるほど、大きな災難をもたらすことはない。

敵を小さく見積もれば、まず自分の宝を失うものだ。

かくして、二つの軍隊が互いに武器を向け合う時、悲しみの気持ちをもって戦う軍隊の方が(2)、戦闘に勝つものなのだ。

注

（1）**別解**（段落全体に対する）「行進しようとしても、行進する場所がどこにも見えない。腕まくりしようとしても、腕が見えない。敵を捕まえようとしても、敵が見えない。武器を手に取ろうとしても、武器が見えない」。

（2）**校訂を伴う別解**　〔「哀者」の代わりに「襄（譲）者」に作る本文に基づき〕「退却する軍隊の方が」。

第七十章

吾言甚易知　甚易行
天下莫能知　莫能行
言有宗　事有君
夫唯無知　是以不我知
知我者希
則我者貴
是以聖人被褐懷玉

吾が言は甚だ知り易く、甚だ行い易し。
天下、能《よ》く知る莫《な》く、能く行う莫し。
言に宗《そう》有り、事に君有り。
夫《そ》れ唯だ知る無し、是《ここ》を以て我を知らず。
我を知る者は希《まれ》なり、
則ち我は貴し。
是を以て聖人は褐《かつ》を被《き》て玉を懐《いだ》く。

私の言葉は分かりやすく、たいへんに実行しやすい。
それなのに、天下の者は誰もそれが分からない。誰もそれを実行に移さない。
私の言葉は深い源泉から湧き出し、私の行いは堅固な原則から生まれたものだ。

それなのに、誰もそれを理解しない。だから、誰も私を理解しないのだ。(1)

私を理解する者は稀である。
それこそ、私が貴重であることの証拠だ。(2)

実に、聖人は粗い生地でできた服を着るが、その内側に宝玉を持っているのだ。

注

(1) **別解**　(この段落全体に対する)「(普通、)人が言うことは何であれ一定の源泉から生ずるもので、人がなすことは何であれ一定の原則によって規制されるものである。しかし(いずれにせよ)無知以外のものはないのだ。だから、誰も私を理解しないのだ」。

(2) **別解**　「(真に)私を理解する人は稀であるが、しかし(真に理解することなく)私の真似をする人でさえ、高く評価されるのだ」。

第七十一章

知不知　上
不知知　病
夫唯病病　是以不病
聖人不病　以其病病
是以不病

知りて知らずとなすは、上なり。
知らずして知るとなすは、病なり。
夫《そ》れ唯だ病《へい》を病とす、是《ここ》を以て病あらず。
聖人は病あらず、其の病を病とするを以てなり。
是を以て病あらず。

知っているのに、まるで知らないかのように振る舞う人が、最上である。
知りもしないのに、まるで知っているかのように振る舞う人には、欠点がある。[1]
欠点が欠点であることを知ってこそ、人は欠点なき者になれる。
聖人には欠点がない、それはかの人が自分の欠点を欠点だと知っているからだ。
〔それゆえ、欠点がないのだ。[1]〕

注

（1）**別解**　「（〈道〉を）知ってはいるが、（絶対の）無知の状態にとどまる人が、最上である。無知の状態にありながら、知の追求をやめない人には、（やはり）欠点がある」。

訳註

〔1〕この一文に対応する原文「是以不病」の英訳が欠けているが、いま便宜的に補った。

第七十二章

民不畏威　則大威至
無狎其所居
無厭其所生
夫唯不厭　是以不厭
是以聖人　自知　不自見　自愛
　不自貴
故去彼取此

民、威を畏れざれば、則ち大威《たいい》至らん。
其の居る所を狎《せま》しとすること無し。
其の生くる所を厭《いと》うこと無し。
夫《そ》れ唯だ厭わず、是《ここ》を以て厭われず。
是を以て聖人は自《みずか》ら知るも、自ら見《あらわ》さず。自ら愛するも、
　自ら貴ばず。
故に彼を去りて此を取る。

人々が〈脅威〉をおそれる感覚をなくせば、おそろしい罰が彼らに降りかかることだろう。

（〈脅威〉をおそれる感覚を持つ人は、）自分の住まいを狭いとは思わない。(1)
自分の暮らしを嫌うこともない。
何も嫌わないからこそ、その人は何ものからも嫌われない。(2)

こういうわけで、聖人は、自分を知りつつ、自分をひけらかさない。自分を愛しはするが、自分を高貴だとみなすことがない。

だからこそ、かの人はこれを拒否して、[3] あれを選ぶ。

注

（1）すなわち、実際にはいくら狭くとも、ということ。

（2）**別解**（この段落全体に対する）「彼ら（すなわち、自分の支配のもとにある人々）の住まいを狭すぎるものにするな。彼らを暮らしの手段の面で圧迫するな。本当に、もし抑圧されなければ、彼らは生きて行くつらさを感じることもない」。

（3）「これ」とは、自己顕示と、自己賞賛のこと。

第七十三章

勇於敢則殺
勇於不敢則活
此兩者　或利或害
天之所惡　孰知其故
是以聖人猶難之
天之道　不争而善勝　不言而善應
　不召而自來　繟然而善謀
天網恢恢
疏而不失

敢《かん》に勇なれば則ち殺さる。
不敢に勇なれば則ち活く。
此の両者は、或いは利あり、或いは害あり。
天の悪《にく》む所は、孰《たれ》か其の故を知らん。
是《ここ》を以て聖人すら猶お之を難《かた》しとす。
天の道は、争わずして而《しか》も善く勝ち、言わずして而も善く応ず。
　召さずして自《おのずか》ら来たり、繟然《せんぜん》として善く謀《はか》る。
天網《てんもう》は恢恢《かいかい》たり。
疏《そ》にして失わず。

第七十三章

無謀な行いに大胆な人は、殺される。(1)
無謀でない行いに大胆な人は、生きのこる。(2)

この二つ（の態度）のうち、一方は有益で、他方は有害だ。
しかし、〈天〉がものを嫌う理由を、誰が真に知っていようか。
だからこそ、聖人でさえもその理由を決めることを難しく思うのだ。

〈天〉の道は、争いはしないが、勝つもの。話すことはないが、正しく応答するもの。召集もしないのに、ものがそのもとに自然とやってくる。ゆるゆると遅いが、しっかりと計画を立てるもの。

〈天〉の網には、大きな目がある。
目は大きいのだが、それでいて何もそこからこぼれ落ちることがない。

注

（1）**別解**　「（彼自身と他人を）殺すだろう」。
（2）**別解**　「（彼自身と他人を）生かすだろう」。

第七十四章

民不畏死　奈何以死懼之
若使民常畏死　而為奇者
　吾得執而殺之　孰敢
常有司殺者殺
夫代司殺者殺　是謂代大匠斲(1)
夫代大匠斲者　希有不傷其手矣

民、死を畏れざれば、死を以て之を懼《おそ》れしむるを奈何《いかん》せん。
若《も》し民をして常に死を畏れしめ、奇を為す者を、
　吾、執《とら》えて之を殺すを得れば、孰《たれ》か敢てせん。
常に殺を司る者有りて殺す。
夫《そ》れ殺すを司る者に代わりて殺すを、是れ大匠に代わりて斲《き》ると謂う。
夫れ大匠に代わりて斲る者は、其の手を傷つけざるもの有ること希《まれ》なり。

人々がもはや死をおそれないのであれば、(1)死によって彼らをおそれさせることなどできようか。

もし人々がいつも死をおそれていれば、(2)そして、もし統治者が、悪いことをした人間を捕らえて処刑することができれば、誰があえて（悪いことなど）しようか。

しかしながら、殺すことを職とする真の〈執行人(3)〉が存在する。

その〈執行人〉の代理で人を殺すことは、大工の巨匠の代理で木を切るようなものだ。大工の巨匠の代理で木を切る時、自分の手を傷つけてしまわぬ者は、ほとんどいない。

注

(1)すなわち、悪い統治のせいで、人々が不幸で自暴自棄になって、もはや死をおそれなくなってしまった場合、ということ。

(2)すなわち、その反対に、もし人々が幸福で、死をおそれ、生きたいと願うなら、ということ。

(3)すなわち、〈天〉もしくは〈道〉の、否定的で破壊的な側面のこと。〈道〉は「万物」を存在させるが、それは万物のそれぞれが〈無〉という根源的状態へと復帰するよう、究極的にゼロの状態に引き戻しもする。この後者の〈道〉の側面が、ここで普遍的な〈執行人〉としてイメージされている。

訳注

〔1〕この部分、王弼本は「夫司殺者是大匠斲」と作るが、ここでは井筒の理解のもととなっている河上公本などによって本文を示す。

第七十五章

民之饑　以其上食税之多
是以饑
民之難治　以其上之有爲
是以難治
民之輕死　以其求生之厚
是以輕死
夫唯無以生爲者　是賢於貴生

民の飢うるは、其の上《かみ》の税に食《は》むの多きを以てなり。

是《ここ》を以て飢う。

民の治め難きは、其の上の為す有るを以てなり。

是を以て治め難し。

民の死を軽んずるは、其の生を求むるの厚きを以てなり。

是を以て死を軽んず。

夫《そ》れ唯だ生を以て為すこと無き者は、是れ生を貴ぶものより賢し。


もし人々が飢えているとすれば、それは統治者が彼らから重すぎる税を取っているせいだ。

だから彼らは飢える。

もし人々が治め難いとすれば、それは統治者が彼らのすることに干渉しすぎているせいだ。

だから、彼らは治め難くなる。

もし人々が死を軽んじているとすれば、[1] それは統治者が自分自身の生を追求するのに懸命過ぎるせいだ。
だから彼らは死を軽んずる。

実に、生を求めて懸命にならずに生きる人は、[2] 生をあまりにも高く見積もる人より賢い。

注
（1）すなわち、自暴自棄になって人生に意味を見出せなくなること（第七十四章を参照）。
（2）**別解**「人生についてやきもきすることなく」。

第七十六章

人之生也柔弱　其死也堅強
萬物
草木之生也柔脆　其死也枯槁
故堅強者　死之徒
柔弱者　生之徒
是以兵強則不勝
木強則共[1]
強大處下　柔弱處上

人の生ずるや柔弱にして、其の死するや堅強なり。

万物もしかり。

草木の生ずるや柔脆《じゅうぜい》にして、其の死するや枯槁《ここう》なり。

故に堅強なる者は、死の徒なり。

柔弱なる者は、生の徒なり。

是《ここ》を以て兵は強ければ則ち勝たず。

木は強ければ則ち共《お》（折）る。

強大なるは下におり、柔弱なるは上に処る。


人が生まれた時には、柔らかく弱いものであるが、しかし死ぬ時には、かたくこわばる。

万物も同じだ。

草木が生きている間は、柔らかく傷つきやすいものだが、しかし、いったん生命を失えば、乾燥してかたくなる。

このように、かたくてこわばったものは、死の仲間である。柔らかく弱いものは、生の仲間である。

かくして、強すぎる軍隊は負けるものだ[1]。強すぎる樹木は、折れやすいものだ。

強く大きなものは、切りたおされることで終わるが、一方、柔らかく弱いものはより高い地位を占める結果となるのだ[2]。

注

（1）**別解**「もし兵器が強すぎる場合、勝つことはあるまい」。

（2）**別解一**「強く大きなものは下に位置し、柔らかく弱いものは上に位置する」。

別解二「強いものは下の地位を占め、柔らかく弱いものは上の地位を占める（ことが、自然かつ安全だ）」。

訳註

〔1〕王弼本は「共」と作るが、兪樾の説によると、もともと「折」であったのを「兵」と誤り、さらに「共」と誤ったものと言う。井筒は「折」に基づいて訳している。

第七十七章

天之道　其猶張弓與
高者抑之
下者擧之
有餘者損之
不足者補之
天之道　損有餘而補不足
人之道則不然
損不足以奉有餘
孰能有餘以奉天下
唯有道者
是以聖人　爲而不恃
功成而不處
其不欲見賢

天の道は、其れ猶お弓を張るがごときか。
高き者は之を抑う。
下き者は之を挙ぐ。
余り有る者は之を損なう。
足らざる者は之を補う。
天の道、余り有るを損ないて足らざるを補う。
人の道は則ち然らず。
足らざるを損ない以て余り有るに奉ず。
孰《たれ》か能《よ》く余り有りて以て天下に奉ぜん。
唯だ道有る者のみ。
是《ここ》を以て聖人は為して恃《たの》まず。
功成りて処《お》らず、
其れ賢を見《あらわ》すを欲せざるか。

〈天〉の道は、弓を張ることになぞらえられよう。

　最も高い部分は、押さえつけられる。

　最も低い部分は、引き上げられる。

　過剰なものは、取り上げられる。

　足りないものは、補われる。


このように、〈天〉の道は、過剰なものを取り上げて、足りないものを補うものだ。

人の道は、それと異なる。

足りない者から取り上げて、過剰に持てる者に与えるのだ。


　自分自身、あまるほど持ちながら、それを全世界に差し出すつもりのある者が、いるだろうか。

　それは〈道〉を体得した人だけだ。


だから聖人は自分の仕事を成し遂げるが、それを自慢することがない。(1)

自分の仕事を成し遂げ、それでいて自分の手柄にこだわらない。

自分が他の者よりも優れていることを、聖人がひけらかさないのは、そのためではなかろうか。

注

（1）**別解**　「自分の仕事を頼りとしない」。

第七十八章

天下莫柔弱於水
而攻堅強者　莫之能勝
以其無以易之
弱之勝強
柔之勝剛
天下莫不知　莫能行
是以聖人云
受國之垢　是謂社稷主
受國不祥　是謂天下王
正言若反

天下に水より柔弱なるは莫《な》し。
而《しか》も堅強なる者を攻むるに、之に能《よ》く勝つこと莫し。
其の以て之に易《か》うる無きを以てなり。
弱は強に勝つ。
柔は剛に勝つ。
天下、知らざるは莫きも、能く行うもの莫し。
是《ここ》を以て聖人云う、
「国の垢を受くる、是れを社稷《しゃしょく》の主と謂う。
国の不祥を受くる、是れを天下の王と謂う」と。
正言は反するが若《ごと》し。

この世界に、水よりも柔らかく弱いものはない。

しかしかたく強いものを攻めることにおいて、水以上のものはない。(1)

実に、水に取って代わるものはないのだ。(2)

弱いものが、強いものに打ち勝つ。

柔らかいものが、かたいものに打ち勝つ。

そのことを世界のみなが知っているのに、それを実行できる者はいない。


それゆえ、聖人は言う。

「自分自身、国の汚点を引き受けるつもりのある人こそ、国の統治者になるに、まことにふさわしい。

自分自身、国の災難を引き受ける人こそ、全世界の王と呼ばれるに、まことにふさわしい」と。

真実の言葉は、逆説のように聞こえるものだ。(3)

注
(1) **異文** 〔「莫知能勝」と作る本により〕「水を凌駕するものは、知られていない」。
(2) **別解** 「それを破壊しうるものは、何もないから」。
(3) すなわち、真実を表現する言葉は、常識が真実とみなすこととしばしば矛盾する、ということ。

第七十九章

和大怨　必有餘怨
安可以爲善
是以聖人執左契　而不責於人
有德司契
無德司徹
天道無親
常與善人

大怨《たいえん》を和せば、必ず余怨《よえん》有り。
安《いずく》んぞ以て善と為すべけんや。
是《ここ》を以て聖人は左契《さけい》を執《と》り、而して人を責めず。
徳有るものは契を司る。
徳無きものは徹を司る。
天道に親《しん》無し。
常に善人に与《くみ》す。

根の深い怨みは仲裁された時でも、いくぶんかの怒りを残してしまうものだ。
このことがよいことなどみなせようか(1)。

だから聖人は、左半分の割り符を握りつつも(2)、相手(3)からの支払いを要求したりはしない。

徳のある人は、この割り符の使い方を知っている。
徳のない人は、支払いを要求することしか知らない。

〈天〉の道は、えこひいきすることがない。
常によき人の味方をするものだ。

注
(1)はじめから他の者に怨恨を抱かせない方がよいのだ、という含意。
(2)契約をしめくくる際、貸主は左半分の割り符を持ち、借主は右半分の割り符を持つ。
(3)すなわち、右半分の割り符を持つ、借主のこと、

第八十章(1)

小國寡民
使有什伯之器而不用
使民重死　而不遠徙
雖有舟輿　無所乘之
雖有甲兵　無所陳之
使人復結繩而用之
　甘其食　美其服
安其居　樂其俗
鄰國相望
雞犬之聲相聞
民至老死　不相往來

小国寡民《しょうこくかみん》。
什伯《じゅうはく》の器有りて而も用いざらしむ。
民をして死を重んじて、而して遠く徙《うつ》らざらしむ。
舟輿《しゅうよ》有りと雖も、之に乗る所無し。
甲兵有りと雖も、之を陳《つら》ぬる所無し。
人をして復《ま》た縄を結びて而して之を用いしむ。
　其の食を甘《うま》しとせしむ。其の服を美しとせしむ。
其の居に安んじ、其の俗を楽しましむ。
隣国相い望む。
鶏犬の声相い聞こゆ。
民は老死に至るまで、相い往来せず。

少しの人しか住んでいない、小さな国のこと。

人の十倍、百倍に匹敵するような、偉大な能力を持つ人がいても、彼らは自分の力の使い道を知らない。(2)

人々は、死を軽いこととみなさない。(3)

彼らは遠い場所へと移り住もうとも思わない。

船や車があっても、彼らには行く場所がない。

よろいや武器があっても、彼らにはそれを人にひけらかす機会がない。

人々は、縄の結び目を〔契約の記録代わりに〕使う〔古代の〕状態に復帰するよう導かれ、自分たちの〔まずしい〕食事をうまいと、自分たちの〔粗末な〕衣服を美しいと思う。

自分たちの住まいに、楽しく満足し、自分たちの習俗に、喜びを見出す。

隣の国は、すぐ目に見えるところにある。

隣の国の鶏の鳴き声、犬の吠え声が、こちらの国にも聞こえてくる。

それでも、その二つの国の住民たちは、年をとって死ぬまで、互いを訪ねたりすることがない。

注

（1）この章全体は、「老子的ユートピア」の牧歌的描写としてよく知られるものである。

（2）**別解**　「戦争に使うさまざまな道具はあるが、人々はそれらを使おうともしない」。

（3）人々は、死をおそれるほどに幸せなのだ（第七十四章を参照）。

第八十一章

信言不美
美言不信
善者不辯
辯者不善
知者不博
博者不知
聖人不積
既以爲人　己愈有
既以與人　己愈多
天之道　利而不害
聖人之道　爲而不爭

信なる言は美しからず。
美しき言は信ならず。
善なる者は弁ぜず。
弁ずる者は善ならず。
知る者は博からず。
博き者は知らず。
聖人は積まず。
既《ことごと》く以て人の為にして、己れは愈《いよ》いよ有り。
既く以て人に与えて、己れは愈いよ多し。
天の道は、利して而《しか》も害せず。
聖人の道は、為して而も争わず。

真実の言葉は、美しく飾られてはいない。

美しく飾られた言葉は、真実ではない。


本当によき人は、多くを語らない。

多くを語る人は、本当によき人ではない。


本当によく分かっている人は、知識をひけらかさない。

知識をひけらかす人は、本当にはよく分かっていない。


聖人は、ものを溜め込んだりはしない。

かの人は自分の持てるものをすべて人のために使うが、そうでありながら、もっともっと多くのものを持つ。

かの人は自分の持てるものを人に与えるが、そうでありながら、ますます豊かになる。

〈天〉の道は、害を与えることなく、利益を与えるものだ。

聖人の道は、競うことなく、ものごとをなすものだ。

訳者解説

古勝隆一

一　テヘランにおける『老子』の英訳

井筒俊彦（一九一四―一九九三）が、カナダのマギル大学イスラーム学研究所テヘラン支部の教授としてテヘランに赴いたのは、一九六九年、五十五歳の時のことで、その後の十年間をこの地で過ごした。井筒の友人でもあったサイイド・ホセイン・ナスルが設立に携わったイラン王立哲学アカデミーは、一九七五年、井筒を教授として招聘した。まさにこのテヘラン滞在期間中、井筒の『老子道徳経』（以下、『老子』と称する）の英訳がなされたのであった。

この『老子』英訳は、井筒がナスルの協力を得て出来上がったものであったらしい。ナスルが次のように言う。

一九七二年か七三年ごろ、中国で考古学的発掘調査がおこなわれ、この文献〔『老子』のこと〕の最古のものが発見され、すぐに出版された。井筒さんはテヘランにその文献を持ってきてくれた。彼は私がこの『老子道徳経』を愛読していることを知っていたので、それをペルシア語に翻訳し、イスラームの伝統と関連させた私の注釈とともに出版することを提案してくれた。私は中国語を知らなかったが、この野心的な提案に賛成した。そこで三年のあいだ、週に数回、井筒さんと私は哲学アカデミーの庭で一緒に座り、この文献の研究に取り組んだ。（サイイド・ホセイン・ナスル「井筒俊彦の思い出」『井筒俊彦全集』第十一巻月報、慶應義塾大学出版会、二〇一五年七月）

中国での考古学的発掘によって見出された『老子』とは、一九七三年から一九七四年にかけてなされた学術調査により、湖南省長沙市の馬王堆《ばおうたい》漢墓の三号墓から出土した『老子』の写本二種（甲本・乙本と称する）を指す。前漢時代初期（紀元前二世紀初め）に書写されたもので、馬王堆帛書《はくしょ》（「帛書」は絹布に書かれた書物のこと）『老子』として世に名高い。この二種の『老子』写本を含む『馬王堆漢墓帛書』が北京の文物出版社から刊行されたのが一九七四年九月のことであるから、井筒がこれを入手し、テヘランにもたらしたのは、それ以降のことでなくてはならない。

ともあれ、この馬王堆帛書『老子』の出現を契機として、井筒とナスルとが、テヘランの王立哲学アカデミーで『老子』の会読《かいどく》をはじめたというのは、重要な証言とみなせよう。会読の様子を、ナスルは次のように描写している。

まず、井筒さんがその著書を中国語から英訳してくれた。私は場合によっては、その英訳文を修正し、さらに英訳文を井筒さんも精通していたペルシア語に翻訳した。彼は中国語の原文を手もとに置きながら、私のペルシア語の翻訳を聞いた。彼が必要と思えば私の翻訳を修正してくれたり、言い換えたりするように助言してくれた。その研究成果は『老子道徳経』の英語とペルシア語での新訳書であった。私たちは一九七九年のイラン革命が起こる前に、その著作を完成させた。（同上）

かくして『老子』の英訳とペルシア語訳とが完成したというわけである。一九七九年一月にイラン革命が起こると、翌月、井筒はテヘランの地を去って日本へと帰国し、この『老子』の英訳とペルシア語訳もその生前に出版されることはなかった。

しかしながら井筒豊子夫人がタイプ打ちし、それに井筒が手批《しゅひ》を加えた『老子』英訳の原稿が遺されており、澤井義次の整理を経て、二〇〇一年、慶應義塾大学出版会から、*Lao-tzŭ: The Way and Its Virtue* として出版された。この英語版出版の経緯については、松原秀一・澤井義次「井筒俊彦『老子』（英訳）の出版」（『三田評論』二〇〇二年七月号）に詳しい。今回、ここに日本語版として世に問う『老子道徳経』は、この二〇〇一年の英語版から訳出したものである。

二　老子とは誰か、『老子』とは何か

一九六六年からその翌年にかけて、井筒は慶應義塾大学言語文化研究所から、英文著作 *A Comparative Study of the Key Philosophical Concepts in Sufism and Taoism*（『スーフィズムと老荘思想における哲学的鍵概念の比較研究』上下巻）を出版した。のちに *Sufism and Taoism: A Comparative Study of the Key Philosophical Concepts*（『スーフィズムと老荘思想』岩波書店、一九八三年）として結実するものである。そこで言われている「老荘思想《タオイズム》」とは、『老子』『荘子』の二書を主とする道家思想のことである。『老子』に対して、井筒が早くから深い関心を寄せていたことが見てとれよう。

その『老子』という書物、ならびにその著者とされてきた老子という人物を、井筒は如何にとらえていたのか。これについて井筒は、本書においても訳出した「序」の中で十分に語っている。老子という歴史上の人物がいて、その人が『老子』という書物を著したとする旧来の見方は、津田左右吉を代表とする近代の文献学研究によってすでに否定されており、井筒はもちろんこれを踏まえて『老子』を理解している。また、梁啓超《りょうけいちょう》（一八七三―一九二九）、馬《ば》叙倫《じょりん》（一八八五―一九七〇）といった中国の学者や、アンリ・マスペロ（一八八三―一九四五）などフランス

の学者の説を参照しながら、『老子』および老子を考察していることが、『スーフィズムと老荘思想』（岩波書店版）の第二部第一章などから知られる。

その意味において、井筒の『老子』英訳は近代における中国思想研究を十分に踏まえたものであると言える。『老子』英訳版の「序」において、井筒は「人々に親しまれてきた伝説によれば、老子は紀元前六世紀の人物であり、老子と孔子との個人的な出会いがあったことになる。しかし文献学的には、それは事実でありえない。『道徳経』自体が、その伝説と食い違う、反論不能の内部徴証を示している」と言う（本書七―八頁）。つまり、孔子の先輩格に当たる実在人物としての老子を素朴に認め、その老子を『老子』の著者とみなすという前近代的な観点を、井筒はとらない。

しかしながら、井筒の持っていた老子観ならびに『老子』観は、近代的な中国文献学および中国思想史の表面をなぞるような類のものではまったくなかった。それどころか、『老子』というテクストがそれ自身にそなえている独特な性格をかなり大胆に強調して次のように言う。

> 老子の「非人格的」な性格について先ほど述べたことは、老子（または老子の著作とされている『道徳経』という書物）が、いずれの観点においても、いずれのニュアンスにおいても、非人格的であるという意味に受け取るべきではない。かえって反対に、『道徳経』はある意味、きわめて人格的な性格に富む書物なのである。この書物の「人格的」な性格は、まず何よりも、老子が一人称を用いて語ることに起因する。この書物全体を通じて、発話の主体は常にどの部分においても「私」である。そしてこの場合の「私」とは、ある個人の経験的なもろもろの体験の中心にある自我ではなく、自我を失った人の持つ実存的意識のことであって、その人は「名のある」自己としての自我を失って、いまや〈無名〉と完全に同一となった存在である。それは言い換えれば、〈自然〉そのものの創造的なはたらきと調和して存在し、そして動く、名無き

〈自己〉を指す。(本書一一―一二頁)

すなわち『老子』なる著作が厳然として存在している一方、伝統的にその著者とされてきた老子については、「何者であり、どの時代に属するのかについては、我々は完全に闇の中に残される」(本書一〇頁)と言い、その手がかりの不確かさを認めはするのだが、『老子』という書物には、一つの人格により力強く語られる一貫した思想が流れていることを、井筒は強調する。

必ずしもある特定の人物が『老子』のすべてを書き上げたと井筒が考えていたわけではあるまい。だが成書の事情は不明ながら、『老子』に盛られた内容を力強く語る、人格を備えた何者かを、井筒は見てとったのだ。この視点こそが、井筒の『老子』観、ならびに老子観を特徴づけているのである(この点については、若松英輔『井筒俊彦――叡知の哲学』慶應義塾大学出版会、二〇一一年、二九四頁を参照)。『老子』の中に見える非一貫性、すなわち断絶や矛盾にばかり着目し、『老子』をばらばらに分断するような読みとは、まったく異なる態度である。

三　伝世の『老子』と出土の『老子』

中国文献学において「伝世文献」と称されるのは、古典として読まれ、歴代伝えられて現存もしている文献のことであり、それは地下から発見された「出土文献」と対置される。形式的に言って、古代において成書した書物のうち、(一)伝世文献としても存在せず、まだ出土もしていない文献、(二)伝世文献としては存在しないが、すでに出土している文献、(三)伝世文献としては存在するが、まだ出土はしていない文献、(四)伝世文献としても存在し、すでに出土もしている文献、以上の四種がある。

たとえば、中国思想上で重視される五行説を唱えたという鄒衍《すうえん》の学説を伝える『鄒子』は、漢代の書目には見えているが、現存はしておらず、出土もしていないので、（一）に当たる。現存はしていないが、戦国時代の楚墓や前漢の墓から発見された『五行』という書は（二）に当たる。現存するものの出土はしていない『孟子』は、（三）に当たる。そして、伝世文献としても存在し、楚墓・漢墓から出土もしている『老子』は、（四）に当たるのだ。そして、『老子』のように四に相当する書物は多くなく、研究のためにはとりわけよい条件をそなえたものと言える。ある一つの書物について、古代の写本と後世の伝本とを比較することができるわけであるから。

近代中国の学術界には、数々の重要な新資料が登場してきた。二十世紀初頭、河南省の安陽から殷代の甲骨文がまとまって出土し、伝説ではないかと疑われていた殷代の歴史が解明され、また漢字の古い姿も明らかになった。また同じ頃、長らく伝を絶っていた唐代の写本群が甘粛省の敦煌の石窟寺院から発見され、中国中世の写本研究が新局面を迎えた。内蒙古自治区からは漢代の行政文書群、「居延漢簡」も見つかり、漢代史研究を大きく塗り替えた。そして、一九四九年に新中国が建国してからは、その経済発展にともなって開発が盛んに行われ、各地の先秦時代・漢代頃の遺跡から竹簡や帛書に書かれた「簡帛資料」と呼ばれる古典籍が陸続と出土するようになり、中国古代思想の研究に新材料を提供しており、これら新出資料を踏まえない古典研究は、認められなくなりつつある。

そういった簡帛資料のうちでも、学界に特に大きなインパクトを与えたのが、上述の湖南省長沙、馬王堆漢墓から発掘された典籍群である。さらにその中でも、『老子』帛書二種（甲本・乙本）はとりわけ注目を浴びた書物であった。甲本は、前漢時代のごく初期に書写されたもので、乙本はそれよりもやや遅れるが、それでも前漢の早い時期に書写された本である。この二種は、いずれも『老子』という書名を持っておらず、乙本は篇ごとに「徳」篇、「道」篇と命名されていた。篇の順序は、通行本が「道」「徳」の順であるのに対し、帛書の二種は「徳」「道」の順であったのも、驚きをもって迎えられた事実である。『老子』以外にも『周易』などを含む馬王堆帛書が、中国学の専門家に大きな衝撃を与えたのは、それに類する写本資料が極端に少なかった当時の状況を勘案すれば、当然のことであるが、井筒がいち早くこの新資料の出現に着目し、その写真版をはるばるイランにまでもたらしたことは、たいへんに興味深い事実である。

前述の馬王堆帛書『老子』が出現したのちにも、一九九三年には湖北省の郭店楚墓から、紀元前三百年前後に書写された『老子』竹簡が、それぞれ断片ながら三種（甲本・乙本・丙本と称す）も見つかり、同書の成立時期についての再考を促している。というのは、近代の学者の中には、『老子』の成書年代を漢代初期、紀元前二世紀頃と考える人々がいたので、それより百年も古く書写された『老子』の出現は、大いなる驚きにほかならなかったのだ。厳密に言えば、この竹書本には書名や篇名の標記がなく、何という書名で呼ばれたのかはわかっておらず、現行の『老子』と重なるから竹書『老子』と称されているにすぎないのだが、それでも、現行『老子』の内容のうち、少なからぬ部分が当時すでに成立していたことを示す典籍であることは疑いようがない。

さらにその後、二〇〇九年、何者かにより盗掘された前漢時代の『老子』竹簡が北京大学に寄贈され、その『老子』には意外にも「老子上経」「老子下経」の篇題が明記されていたことが明らかとなるなど、さまざまな新発見があり、『老子』をめぐるその後の研究動向はめまぐるしい。『老子』というと如何にも古びた書物と一般に受け止められるかもしれないが、実のところ、その研究は日進月歩であり、学界の認識は常に塗り替えられ続けている。井筒の没後に見出されたこれらの新資料は、必ずや彼の興味を引くはずのものであったと思われてならない。

ともあれ、これら新発見資料の学術価値とは別に、井筒が彼の生きた時代において示した『老子』の読みに、それ自体価値があることは、井筒の宗教研究・思想研究の達成点を考えれば、論ずるまでもなく明らかなことであろう。また念入りに作られたこの英訳を見るにつけ、井筒の思想を読み解く眼の確かさがますます知られるのである。

四　『老子』本文の取捨選択をめぐって

井筒の英訳原稿には『老子』の原文が示されておらず、その訳出底本の本文が一字一句どのようなものであったのか確定するのは容易でない。ただ、そこに寄せられた井筒の序に「この翻訳は、名高い道家哲学者、王弼《おうひつ》（二二六―二四九）によって確定された、彼の『道徳経』注に用いられたテクストに基づいて作成した」（本書一三頁）とあるので、王弼本と称される系統の『老子』伝本に基づいていることは疑いない。

なお、王弼本と一口に言っても一種ではないが、二〇〇一年に出版された井筒の英訳版では、江戸時代の明和七年（一七七〇）、荻生徂徠の弟子である宇佐美灊水《しんすい》が校訂した『王注老子道徳経』を底本にして、編者が本文の掲出を行っている（同書、澤井義次「編者序」）。今回の日本語版でもおおむねそれに従って『老子』本文を載せてある。

さて、井筒がこのように王弼本を選択した理由は、「それほど問題にならないテクストの異同が少々あるにはあるものの、『道徳経』はまさにこのかたちで、約二千年もの間、思考や感性の最も基本的な型の一つを形成し洗練しつつ、〈中国人の考え方〉に活潑にはたらきかけてきた」（本書一三頁）ためである。この現行本重視の姿勢は当たり前のように見えて、実は優れた見識に支えられたものである。

近代的な『老子』研究においては、しばしば学者が『老子』各章の伝統的な順序に批判を加え、各章の再編成を行ってきた。一例を挙げれば、『老子』第二十章の冒頭部分（六八頁）は、次のように始まる。

学ぶことを放棄すれば、心配事はなくなる。
「はい」と言うのと「ふん」と言うのとでは、どれほど違うのか。

良いのと悪いのとでは、どのような違いがあるのか。

この部分は、どうもこれ以降の文とのつながりが理解しづらいので、近代の学者たちは、これが独立した一章であるとか、あるいは直前の第十九章末尾に続いていたはずのものが誤ってこの章に入れられたものであるなどと推測した。しかしながら出土文献に照らしても、郭店楚簡甲本にこの章が見えており、基本的に王弼本などの現行本と変わりがない。決して後世の人の不注意によって生じた誤りではない。それゆえ、この部分に何らかの混乱があることを疑った研究は、いまや参照に値しない。井筒はこの種の本文改変作業を評して「それらはしょせん臆測によって成り立っている」（本書一三頁）と喝破したが、新出資料を前に反芻してみると、果たしてその言葉は正しかったわけだ。

かくして井筒は、極力、テクストに忠実に『老子』を読んでいる。そこには恣意的な読みが生ずる余地はない。『老子』の伝統的な章段を守る読解は、井筒訳の美点の一つである。

そのようでありながら、井筒の訳は、『老子』を大胆に読み直す眼をも同時にそなえている。『老子』の本文を二つに分けて、組版の文字下げ（インデント）を利用することで両者の区別をしているのが、その現れである。試みに『老子』第六章（三三―三四頁）を挙げてみよう。

〈谷の霊〉は、不滅である。
それは、神秘なる〈牝〉と呼ばれる。

　神秘なる〈牝〉への入り口。
それは天地の〈根〉と呼ばれる。

かろうじて目に見え、それは存在し続ける。
やむことなくそれははたらくが、それでも決して枯渇することはない。

全体を六行に分けて訳しているが、第三行目と第四行目のみ、インデントされ前後の行間があけられ、区別されていることに気づく。この第六章が特別だというわけではなく、『老子』の全八十一章のうち、大半の章にこのような処置がなされている。ここに井筒の意図が示されていることは確かだが、それはどのようなものか。訳文を通覧してみると、説明的な文章はインデントされておらず、詩的もしくは格言的な文がよくインデントされている。長い文よりも、簡潔な文がインデントされる傾向にある。そして、韻を踏んでいる文がインデントされることが多い。

この章の原文は「谷神不死、是謂玄牝。玄牝之門、是謂天地根。綿綿若存、用之不勤」であり、傍点をふった部分が韻を踏んでいる。「玄牝之門、是謂天地根」の部分はインデントされ、同じく韻を踏んでいても「綿綿若存、用之不勤」の部分はインデントされていない。つまり、韻を踏んでいる部分すべてを井筒がインデントしたわけではない。

こう見ると、詩的な文、簡潔な文、韻文が必ずしもインデントされるわけではないが、その傾向があることは、指摘しておきたい。

想像をたくましくするならば、インデントが施された部分は、通常の言葉を超越した、はるかなる彼方からこの世に聞こえてくる響きととらえられたものではなかったか。井筒がそのように『老子』を読んだように、私には思われるのである。なお、『老子』の英訳として有名なアーサー・ウェイリー（一八八九—一九六六）の訳でも、井筒同様、インデントを用いて『老子』の言葉を二つに分けており、井筒とウェイリー両氏の訳出手法は同工異曲とも言えるが、比較してみると両者の差異もうかがわれる。日本語に訳された『老子』は少なくなく、入手しやすくかつ学術性の高いものに限っても、武内義雄、小川環樹、福永光司、金谷治、木村英一、野村茂夫、麥谷邦夫、蜂屋邦夫、池田知久などの諸氏の訳があるが、見たところ、こういった工夫を施したものは少ないようだ。井筒の示した読みは、こういった点においても想像力を喚起するものであると言える。

五　『老子』の主要な概念への注目

先ほど引用した『老子』第六章について、英訳に当たってみると、井筒は原文「谷」をValley-Spirit、「玄牝」をmysterious Female、「根」をRootと大文字を使って訳している。それ以外の普通の名詞には、大文字を用いた強調は行われていない。このことから、井筒は大文字によって特にこれらの概念を重視して強調したことがわかるのである。

このような概念が他にどれほどあるのか、調べてみると、ざっと以下のようなものがある。原文と英訳とを示してみよう（巻末索引も参照されたい）。

道 Way　名 Name　無 Non-Being　有 Being　玄 Mystery　象 Image　私 Self　徳 Virtue
状 Shape　天命 Heavenly Command　常 Unchanging / Eternal / Eternal Reality　天 Heaven　母 Mother
物 Something　精 Reality　小 Small　大 Great　一 One　陰 Yin　陽 Yang　始 Beginning
子 Child　司殺者 Executioner

これを一覧しただけで、『老子』の主要な概念がよく網羅されていることに気づかされる。その中で最も重要な「道」についても、井筒は工夫をこらして英語に訳出している。たとえば、第一章の冒頭。原文、英訳、日本語訳を並べてみる。

道可道、非常道。

The way which can be designated by (the word) "way" is not the eternal Way.

「道」（という言葉）によって示されうるような道は、永遠の〈道〉ではない。

「道可道、非常道」というわずか六文字の原文には、三度も「道」という語が現れる。英訳を見ると、第一の「道」には大文字を使わずに表記され、第二の「道」は引用符付きで表記され、そして第三の「道」には大文字を使って表記されている。三者三様に訳し分けられているのだ。第三の「道」のみが永遠不変の「道」であって、それは、普通に使われる「道」という日常言語では表現できぬものなのだ、という『老子』のメッセージが、この英訳から直接うかがわれるのである。

なお、このような井筒の周到な配慮を日本語訳にも生かすため、今回の翻訳では、井筒が大文字を用いて表記した語について、〈道〉のように山括弧を用いて表記することにした。この表記を手がかりに、井筒の読みをより深く知ることができると考えたためである。

井筒の英訳において特に強調されたこれらの諸概念は、『老子』において核心的な意味を有するものであるのはもちろんのこと、井筒の構想した「東洋思想」の追究においても、きわめて重要なものであった。たとえば、井筒『意識と本質』第一章では、『老子』第一章に即して次のように言っている。

「天地の始」、一切の存在者がものとして現われてくる以前の「道」すなわち根源的「存在」には名前がない。それは言語以前であり、分節以前である。それを老子は天地分離以前という。ところが名の出現とともに天と地は互いに分れて「道」は「万物の母」となる。言語によって無分節の「存在」が分節されて、存在者の世界が経験的に成立する。(『意識と本質』『井筒俊彦全集』第六巻一〇―一一頁)

『老子』の「道」と「名」とが、存在の問題に引き寄せられ、より踏み込んで解釈されているわけだ。『老子』に見える「名」という概念が如何なるものであるのか、それについてはさまざまな解釈があるが、井筒にとっては、まさに無分節のありようを分節する、言語そのものであった。『意識と本質』のこの部分に、『老子』第一章の「名有るは、天地の母」の一節が引かれていることは、実に印象深い。かくして『老子』は井筒の構想した東洋思想の一角に位置づけられているのである。

『意識と本質』に参照された古今東西の議論はまことに多彩であるが、『老子』もその基盤の一つであった。『意識と本質』において『老子』が参照された部分はそれほど多いわけではないが、とはいえ、この『老子』英訳は、そこに付けられた注も含めて、井筒の思考を知る上で欠かせない文献と言えるのである。

さらに『スーフィズムと老荘思想』は、その第二部が「老子と荘子」と題されているだけあって、そこにはより専門的に『老子』を解釈したいくつかの章が見える。『老子』各章の文が豊富に引用、訳出されており、『老子』全八十一章のうち五十章分ほどの文が見えているのだ。

たとえば前述の通り、『老子』第六章の原文「玄牝」を井筒は“mysterious Female”と訳しているが、『スーフィズムと老荘思想』第二部第八章では、二度にわたってこの部分を引用する(四〇六頁および四一〇頁)。「道」が活動を始める時、「神秘の牝」がものを生み出し続けるはたらきを担う。そのような「牝」の偉大さを井筒は語る。

また、『老子』第二十二章には「一」という概念が見えるが、『スーフィズムと老荘思想』第二部第十一章では、それを引いて、聖人論との関わりで「一」を論じている（四四四—四四五頁）。なお、『スーフィズムと老荘思想』において井筒が訳出した『老子』と、今回の訳出の対象とした英訳本では、訳が完全に一致するわけではないが、両者を比較すれば、井筒の『老子』理解の深化を知ることができるかもしれない。

六　訓詁への関心

『老子』の英訳は二百種類以上もあるそうで、その中には原文を逐語訳したものもあれば、かなり自由に意を汲んで訳したものもある。井筒の『老子』英訳はと言うと、実はかなり逐語的な訳なのである。その訳語は、ほとんど原文の漢語に過不足なく対応しているのだ。

逐語訳であるのみならず、厳密な訳でもある。原文の漢語の意味をできる限り吟味し、それにふさわしい訳語を当てようとしているのが、訳文から見て取れる。伝統的な漢文訓読の文体というと、分かったような分からないような曖昧なものが多数を占めるが、井筒の英訳は、そういう漢文訓読を英語に置き換えたようなものではまったくない。中国文で書きあらわされ伝えられてきた『老子』原文を、中国文として厳格に読み解いた翻訳なのである。

さて『老子』の原文は簡潔であることはよく知られていようが、時に簡潔にすぎ、その文意を理解しがたいことが多い。どんな書物であれ、解釈をして訳を付ければ、それ以外の解釈の可能性を捨ててしまうことになるが、ことに『老子』の場合、文が簡潔であるがゆえに、他の書物にもまして多様な解釈が生まれる余地が多く、ただ訳を付すだけでは、捨てられてしまう解釈が多すぎる。本書には少なくない注がつけられており、その注の大部分を「別解」が占めている。なぜ井筒はこのように多くの別解をのこしたのか。これは、別解をとどめておくことによって、他の解釈の可能性をのこしておこうという井筒の配慮であったのではないか、と私は思う。

たとえば『老子』第五章は、「不如守中」という文で終わっている。これを井筒は、次のように読む（三二頁）。別解とともに日本語訳で示す（Aが本文中に見える主たる訳文、Bが注に見える別解の訳文）。

A　からっぽの状態をしっかり守る方がよいのだ。

B　（言葉を）自分の心の中にしまっておく方がよいのだ。

ここでは、「不如守中」という原文のうち、「中」という一語の解釈が問題になる。Aの方は、「中」を「冲《ちゅう》」と同じ意味で理解したもの（「冲」には「からっぽ」の意味がある）。これに対して、Bの方は「中」を心の意味に理解している。両者とも先行の説に基づいているが、Aを主たる解釈として示しつつも、Bを別解としてのこしたのは、たいへんに慎重な姿勢と言えよう。一見すると、別解の多さは読者を戸惑わせてしまうかも知れないが、井筒が別解にこめた意図がおおむねこのようなものであったとすれば、別解を通して、井筒が『老子』を読み解いた振幅を理解することが可能で、これも玩味《がんみ》の対象となりえよう。

『老子』という中国古典の一字一字の意味をめぐって、さまざまな解釈を考える。ここで用いられているのは、「訓詁」の方法である。歴代の学者たち（主には中国・日本の学者たち）の説を参考にして、漢字の意味を丹念に考察してゆくのである。「中」を「冲」と読み替えて解釈するのも、この方法の応用である。

こういった訓詁の方法を、井筒はどのようにして手に入れたのであろうか。『スーフィズムと老荘思想』第二部に『老子』の引用が多数見えることはすでに述べたが、それを見ると、高亨《こうこう》（一九〇〇―一九八六）の『老子正詁』という著作から、井筒は『老子』を引いている（同書、二九九頁、注二九）。高亨は中国では名の通った古典学者であり、この書物には、重要な『老子』解釈――とりわけ、清朝・中華民国時代の学者たちが蓄積した、訓詁に基づく『老子』解釈――が多く載せられている。井筒はおそらく、この書物を手がかりに『老子』の訓詁を学んだのではないか。『スーフィズムと老荘思想』の注には、兪樾《ゆえつ》（一八二一―一九〇七）、劉師培《りゅうしばい》（一八八四―一九一九）など、中国の一流の訓詁学者の説が見えるのである。『老子』ほど厚い研究史を有する古典を対象とするとなると、研究史を適切におさえて読解することは、決して容易なことではない。

また上述のように、テヘランにおける『老子』会読においては馬王堆本も参照されたのであるが、その明確な証拠が一つある。それは『老子』第四十一章（一三二頁）の一文である。

最も大いなる容器は、未完成のように見える。

これは、日本語の格言としても知られる「大器晩成」の訳である。一般的な読みでは「未完成」という訳語はなかなか出てこない。しかしながら、馬王堆『老子』乙本では、これを「大器免成」と書いており、あえて訓読すれば「大器は成るを免《まぬか》る」と読みうる。井筒は、この理解に基づいて英訳を書いたに違いない。つまり「晩」を「免」の意味で解釈した、訓詁の応用である。異文《ヴァリアント》にきめ細かな注意をはらい、そして訓詁の手法を用いて古典を解釈する。井筒の訳はまことにこのような学術的態度に裏打ちされたものなのである。

七　井筒訳『老子』を読む

『老子』とは「永遠の〈真理〉についての書物」であり「存在の究極の形而上的真実《リアリティ》たる〈道《タオ》〉の言語的現出」

である、と井筒は言った（本書三頁）。この書物に載せられた言葉を語る人が、歴史上の一個人とは考えられないと学史は教え、井筒もそれに同意したが、しかしなお井筒は、『老子』を語る者に一つの「人格」を認める。その人格が語り出す〈道〉と〈徳〉の教えこそ、井筒が英語に訳出したものであった。

『老子』の思想と言えば、その核心として誰もが〈道〉を挙げ、それは井筒とて例外ではない。しかしながら、井筒の英訳原題が *Lao-tzŭ: The Way and Its Virtue*（『老子――道とその徳』）であり、副題にはっきりと「徳」が含まれていることに着目すれば、井筒が〈道〉のみならず、『老子』の〈徳〉をも重視したことが見て取れよう。『老子』第十章の後半は、次のように訳されている（四三頁）。

（〈道〉は）あらゆるものを生み、それらを養う。
それらを生みながら、それらが自分の持ち物だ、などとは言わない。
はたらきはするが、これは自分の仕事だといって自慢することはない。
（あらゆるものを）成長させるが、それらを支配しようとはしない。
これが、私の言う、〈〈道〉の）神秘なる〈徳〉である。

最後の行に見える「〈〈道〉の）神秘なる〈徳〉」は、原文で「玄徳」と言われるもの。他の日本語訳『老子』などを見ても、この部分における「道」と「徳」との関連は必ずしも明らかでないが、井筒訳において、「玄徳」とは、はっきりと〈道〉の作用、〈道〉のはたらきとしての〈徳〉であることが分かる。まさしく、英語版の副題の意味を具体的に表すものと言えよう。

このように井筒訳『老子』においては、〈徳〉という概念が明確なかたちで重要な位置を占めているわけだが、前述したように大文字を用いて英訳された、〈徳〉以外の諸概念も、〈道〉と緊密に結びつけられている。このあたりを解きほぐしてゆくのも、井筒訳『老子』を読む楽しみである。たとえば、『老子』第二十一章に次のようにある（七二頁）。

〈道〉はその真実において、まったくぼんやりとしており、まったく不明瞭だ。
まったく不明瞭で、まったくぼんやりとしているが、その内には一つの〈像〉がある。
まったくぼんやりとしており、まったく不明瞭だが、その内には〈何か〉がある。
まったく奥深く、まったく暗いが、その内には〈真実〉がある。

この部分は〈道〉の姿を描写したところであるが、井筒の場合、原文の「象」「物」「精」（七一頁）をそれぞれ大文字により強調して英訳しており、ことさらこれらの諸概念を際立てて読者に提示する。それらの名詞が、〈道〉と密接な関連を持つ重要な概念であることが、訳文を通してうかがわれることであろう。

しかし何よりも井筒訳『老子』が重要であるのは、この英訳によって、井筒は自身の構想した比較思想の中でさまざまな思想間の対話をするために、道家思想の側における確実な基礎を築き得たという点にあろう。「〈名無きもの〉は、天地の始め。〈名有るもの〉は、万物の母」。これは『老子』第一章（二〇頁）に見える言葉であるが、井筒は『スーフィズムと老荘思想』（岩波書店版）第二部第七章において、〈名無きもの〉が〈名有るもの〉よりも高い段階、より根本的な段階を占めると言い、さらにこれを十二・十三世紀のイスラーム思想家、イブン・アラビーの思想と比較している（三九一—三九三頁）。同書の第三部第一章において、井筒は個別の文化や歴史を超えた「メタ歴史的な対話 metahistorical dialogues」について語っているように（四六九頁）、『スーフィズムと老荘思想』という書物自体、まさしくその対話の試みなのであるが、井筒は老荘思想を自分の言葉で咀嚼し、精緻な英語に訳出した経験があったからこそ、この対話を成し遂げたのであった。

その意味において『老子』の井筒による英訳は、時代や文化に制約されたこの書物に真摯に向き合いつつも、その制約を超えようとした井筒の努力の結晶であり、いまなお輝きを放ち続けるものである。思想間の対話を継続するという課題は、我々を含む後世の人々にも開かれていることをも、井筒訳『老子』は告げているように思われる。

訳者あとがき

若松英輔氏は『井筒俊彦――叡知の哲学』の「まえがき」において、「井筒の読者は、世界に広がっている。しかし、今、求められるのは『意識と本質』をはじめとした井筒の日本語著作を、日本人が「読む」ことではないか」（慶應義塾大学出版会、二〇一一年、八頁）と言っている。井筒が日本語で書いた文章を、いまこそ日本の読者が読む。これはもちろん大切なことである。ただその上で思うのは、井筒が書いた多くの英語著作に、日本の読者はどのように向き合えばよいのだろうかということだ。

井筒の日本語著作読者にとって英語著作は馴染みなく、英語著作読者にとって日本語著作が馴染みない、という傾向は、たしかにあるのかもしれない。ことに、井筒の書いた英文は読みやすくない。そうであるとすれば、井筒の英語著作を日本語に翻訳する仕事は、責任の重いものであると同時に有意義でもあると言えそうだ。

しかしひるがえって、井筒が英語著作をものしつつ、あえてそのすべてを日本語であらためて表現しなかったことの意味に思いをいたすとき、この『老子道徳経』を訳しながら、どうしてもある種の躊躇が生まれてしまう時があった。訳出すること自体が、井筒の意図に反することになってしまうのではないか、と。その迷いは、こうして訳を終えたいまでも完全に払拭されたわけではない。訳文が妥当であるかどうかを含め、読者のお考えをうかがってみたいものと思う。

私自身について言えば、この翻訳を通して得たものは多い。古代の中国語で書かれた『老子』原文、井筒の英訳、そして日本語の世界を行き来し続ける体験であった。繰り返し井筒の『老子』英訳を読むことを通じて、その読みがきわめて厳密、精密なものであることを如実に感ぜられたのが、最大の収穫である。その点で、きわめて楽しい仕事であった。

さかのぼると、本書の訳出底本である英語版の *Lao-tzŭ: The Way and Its Virtue* は、澤井義次氏がエディターの任に当たり、二〇〇一年に慶應義塾大学出版会から刊行されたものであるが、その時、『老子』原文の校正についてささやかなお手伝いをする機会を与えられたことは懐かしい思い出である。この作業の上に、今回の訳が完成した。井筒の著作との縁を結んでいただいたことにつき、澤井氏には深謝申し上げる。

また、複数の仕事が重なってしまったせいで、訳に費やす時間が十分でなかった時、私が『老子』の原文を訳すかたわらで、序文の下訳を引き受けてくれた妻、重田みちに感謝しなければならない。様々な面で家族に支えられた。

最後に、このきわめて複雑な翻訳の作業をスケジュール管理し、訳文を丁寧に検討して適切なアドヴァイスを訳者に与え、こうして出版にまでこぎ着けてくださった、慶應義塾大学出版会の片原良子氏に、衷心の謝意を表したい。また中村鐵太郎氏の緻密な校閲を経たことで、訳稿を改善することができた。深く感謝申し上げる。

二〇一七年三月　訳　者

索引（訓読文）

・訓読文から代表的なものを選出し，章と頁数を示した。句読点は適宜省略した。

あ

敢えて主と為らず而《しか》して客と為る
69 章 202 頁
敢えて寸《すん》も進まず而して尺を退く
69 章 202 頁
樸《あらき》に復帰す　28 章 91 頁
争わざるの徳　68 章 200 頁
争わずして而も善く勝つ　73 章 211 頁
言う者は知らず　56 章 167 頁
域中《いきちゅう》に四つの大有り　25 章 82 頁
一は二を生ず　42 章 133 頁
一を抱く　10 章 42 頁, 22 章 74 頁
一を得　39 章 123 頁
古の極　68 章 200 頁
古の道　14 章 52 頁
魚《うお》は淵を脱すべからず　36 章 112 頁
美しき言は信ならず　81 章 229 頁
有《う》無《む》相《あ》い生ず　2 章 22 頁
怨みに報いるに徳を以てす
63 章 186 頁
嬰児
10 章 42 頁, 20 章 67 頁, 28 章 91 頁
得《え》難《がた》き貨
3 章 25 頁, 12 章 47 頁, 64 章 190 頁
多く蔵せば必ず厚く亡《うしな》う　44 章 138 頁
教えの父　42 章 133 頁
終わりを慎むこと始めの如くせよ
64 章 189 頁

か

反《かえ》る者は道の動《どう》なり　40 章 127 頁
学を絶てば憂い無し　20 章 67 頁
学を為すは日《ひび》に益《ま》す　48 章 146 頁
褐《かつ》を被《き》て玉を懐《いだ》く　70 章 205 頁
下徳は徳を失わず　38 章 119 頁
哀しむ者は勝たん　69 章 202 頁
禍は足るを知らざるより大なるは莫し
46 章 142 頁
禍は福の倚《よ》る所なり　58 章 173 頁
含徳《がんとく》の厚きひと赤子《せきし》に比す
55 章 164 頁
吉事には左を尚《たっと》び凶事には右を尚ぶ
31 章 100 頁
九層の台は累土《るいど》より起こる

64 章 189 頁
強梁《きょうりょう》なる者は其の死を得ず
42 章 133 頁
虚極《きょきょく》 16 章 58 頁
金玉堂に満つ 9 章 40 頁
愚人《ぐじん》の心 20 章 67 頁
国の利器は以て人に示すべからず
36 章 112 頁
君子は居りては則ち左を貴ぶ
31 章 100 頁
稽式《けいしき》 65 章 193 頁
軽《けい》なれば則ち本を失う 26 章 86 頁
堅強 76 章 217 頁, 78 章 222 頁
玄同 56 章 167 頁
玄徳
10 章 42 頁, 51 章 153 頁, 65 章 193 頁
言に宗《そう》有り事に君有り 70 章 205 頁
玄の又た玄 1 章 19 頁
玄牝《げんぴん》 6 章 33 頁
言を希にするは自然なり 23 章 77 頁
江海《こうかい》 32 章 103 頁, 66 章 195 頁
剛強 36 章 112 頁
孔徳《こうとく》の容 21 章 71 頁
功遂げて身退く 9 章 40 頁
功成る
2 章 22 頁, 17 章 61 頁, 77 章 219 頁
合抱《ごうほう》の木は毫末《ごうまつ》より生ず 64 章 189 頁
巧を絶ち利を棄つ 19 章 65 頁
五音 12 章 47 頁
孤《こ》・寡《か》・不穀《ふこく》
39 章 124 頁, 42 章 133 頁
谷神《こくしん》 6 章 33 頁
五色 12 章 47 頁
国家昏乱して忠臣有り 18 章 63 頁
五味 12 章 47 頁
之に字《あざな》して道と曰う 25 章 82 頁
之を身に修むれば其の徳は真なり
54 章 161 頁
之を視れども見るに足らず
35 章 110 頁

さ

坐して此の道を進むるに如かず
62 章 183 頁
殺《さつ》を司る者 74 章 213 頁
三十の輻《や》、一つの轂《こしき》を共にす
11 章 45 頁
三は万物を生ず 42 章 133 頁
三宝 67 章 197 頁
死して亡びざる者は寿《ひさ》し 33 章 106 頁
死地《しち》無し 50 章 151 頁
死の徒 50 章 151 頁, 76 章 217 頁
終日号《さけ》んで而も嗄《か》れず 55 章 164 頁
柔弱
36 章 112 頁, 76 章 217 頁, 78 章 222 頁
衆人は熙熙《きき》たり 20 章 67 頁
重は軽の根為《た》り 26 章 86 頁
衆甫《しゅうほ》 21 章 71 頁
衆妙《しゅうみょう》の門 1 章 19 頁
襲明《しゅうめい》 27 章 88 頁
柔を守るを強と曰う 52 章 156 頁

小国寡民《しょうこくかみん》　80 章 226 頁
生じて而も有せず　51 章 153 頁
上士は道を聞き勤めて之を行う
41 章 129 頁
上善は水の若し　8 章 37 頁
常徳　28 章 91 頁
上徳は谷の若し　41 章 129 頁
上徳は徳とせず　38 章 119 頁
上徳は無為にして而《しか》して以て為す無し
38 章 119 頁
小を見るを明と曰う　52 章 156 頁
嗇《しょく》に若《し》くは莫《な》し　59 章 176 頁
素《しらぎぬ》を見《しめ》し樸《あらき》を抱く　19 章 65 頁
知りて知らずとなすは上なり
71 章 207 頁
知る者は言わず　56 章 167 頁
死を軽んず　75 章 215 頁
深根固《しんこんこ》柢《てい》　59 章 176 頁
信なる言は美しからず　81 章 229 頁
甚《じん》を去り、奢《しゃ》を去り、泰《たい》を去る
29 章 94 頁
仁を絶ち義を棄つ　19 章 65 頁
既に其の母を得て復《ま》た其の子を知る
52 章 156 頁
成器《せいき》の長　67 章 197 頁
正言は反するが若し　78 章 222 頁
聖人には常の心無し　49 章 148 頁
聖人の道は為して而も争わず
81 章 229 頁
聖人は行かずして知る　47 章 144 頁
清静《せいせい》は天下の正為り　45 章 140 頁
静篤《せいとく》　16 章 58 頁
生の徒　50 章 151 頁, 76 章 217 頁
静は躁の君為《た》り　26 章 86 頁
正は復して奇と為る　58 章 173 頁
聖を絶ち智を棄つ　19 章 65 頁
正を以て国を治め奇を以て兵を用いる
57 章 170 頁
赤子《せきし》　55 章 164 頁
前識なる者は道の華なり　38 章 120 頁
聖人は仁ならず　5 章 31 頁
善人
27 章 88 頁, 62 章 183 頁, 79 章 224 頁
善人なる者は不善人の師なり
27 章 88 頁
善は復して妖と為る　58 章 173 頁
千里の行《こう》は足下《そっか》より始まる
64 章 189 頁
躁なれば則ち君《くん》を失う　26 章 86 頁
早復《そうふく》　59 章 176 頁
俗人は昭昭たり　20 章 67 頁
其の厚きに処りて其の薄きに居らず
38 章 120 頁
其の兌《あな》を塞ぎ、其の門を閉ざす
52 章 156 頁, 56 章 167 頁
其の光を和らげ、其の塵に同じくす
4 章 28 頁, 56 章 167 頁
其の政《まつりごと》悶悶たれば其の民淳淳たり
58 章 173 頁
其の実《み》に処りて其の華《はな》に居らず
38 章 120 頁
其の易きに於いて難きを図れ

63 章 186 頁
其の安きは持《たも》ち易し　64 章 189 頁
其の雄《ゆう》を知り、其の雌《し》を守る　28 章 91 頁
夫《そ》れ佳《か》兵《へい》なる者は不《ふ》祥《しょう》の器なり
31 章 100 頁

た

大威　72 章 209 頁
大盈《たいえい》は沖《ちゅう》なるが若し　45 章 140 頁
大怨《たいえん》　79 章 224 頁
大音は声希《まれ》なり　41 章 130 頁
大患　13 章 49 頁
大器は成るを晩《まぬか》る　41 章 130 頁
大軍の後に必ず凶年有り　30 章 97 頁
大国は下流なり　61 章 181 頁
大国は小国に下るを以て則ち小国を取る
61 章 181 頁
大国を治むるは小鮮《しょうせん》を烹《に》るが若《ごと》し
60 章 179 頁
大順　65 章 193 頁
大匠　74 章 213 頁
大上　17 章 61 頁
大象は形無し　41 章 130 頁
大成は欠くるが若し　45 章 140 頁
大道廃れて仁義有り　18 章 63 頁
大道は甚だ夷《たい》らかなり　53 章 159 頁
大道は汎《はん》たり　34 章 108 頁
高きは下《ひく》きを以て基《もとい》と為す　39 章 124 頁
橐籥《たくやく》　5 章 31 頁
惟だ道にのみ是れ従う　21 章 71 頁
貴《たっと》きは賤しきを以て本と為す
39 章 124 頁
民は径《こみち》を好む　53 章 159 頁
足るを知るの足《そく》は常に足る　46 章 142 頁
足るを知る者は富む　33 章 106 頁
足るを知れば辱められず　44 章 138 頁
淡として其れ無味なり　35 章 110 頁
馳《ち》騁田猟《ていでんりょう》　12 章 47 頁
中《ちゅう》を守る　5 章 31 頁
寵辱《ちょうじょく》は驚くが若し　13 章 49 頁
長生久視《ちょうせいきゅうし》の道　59 章 176 頁
智を以て国を治む　65 章 193 頁
常に善く人を救う　27 章 88 頁
常の名　1 章 19 頁
常の道　1 章 19 頁
常を襲う　52 章 156 頁
常を知る　16 章 58 頁
企《つまだ》つ者は立たず　24 章 80 頁
罪は欲すべきより大なるは莫し
46 章 142 頁
敵を軽んず　69 章 202 頁
天下に水より柔弱なるは莫し
78 章 222 頁
天下の至柔《しじゅう》　43 章 136 頁
天下の先　67 章 197 頁
天下の谿《たに》　28 章 91 頁
天下の谷　28 章 91 頁
天下の難事は必ず易きに於いて作《おこ》る
63 章 186 頁
天下の式《のり》　22 章 74 頁, 28 章 91 頁
天下の母　25 章 82 頁, 52 章 156 頁

天下の万物は有より生ず　40章127頁
天下は神器なり　29章94頁
天下を以て天下を観る　54章161頁
天地の根《こん》　6章33頁
天地の始め　1章19頁
天地は仁ならず　5章31頁
天道に親《しん》無し　79章224頁
天に配す　68章200頁
天の道
9章40頁,73章211頁,77章219頁,
81章229頁
天の道は其れ猶お弓を張るがごときか
77章219頁
天の道は利して而も害せず　81章229頁
天は長く地は久し　7章35頁
天網《てんもう》は恢恢《かいかい》たり　73章211頁
道紀《どうき》　14章52頁
咎《とが》は得んことを欲するより大なるは莫し
46章142頁
止《とど》まるを知れば殆《あや》うからず　44章138頁
執《と》る者は之を失う　64章189頁
戸を出でずして天下を知る　47章144頁

な

為さずして成す　47章144頁
為す者は之を敗る
29章94頁,64章189頁
名と身と孰《いず》れか親しき　44章138頁
二は三を生ず　42章133頁

は

甚だ愛せば必ず大いに費す
44章138頁
母より食《やしな》わる　20章68頁
万物の自然を輔《たす》く　64章190頁
万物の宗《そう》　4章28頁
万物の母　1章19頁
万物は陰を負いて而して陽を抱く
42章133頁
万物は道を尊び徳を貴ばざるは莫し
51章153頁
人の畏るる所　20章67頁
人の力を用いる　68章200頁
人を傷つけず　60章179頁
人を殺す　31章100頁
人を知る者は智なり、自ら知る者は明なり　33章106頁
微妙《びみょう》たり玄通《げんつう》たり　15章55頁
微明《びめい》　36章112頁
百姓《ひゃくせい》の心を以て心と為す　49章148頁
百谷《ひゃっこく》の王　66章195頁
飄風《ひょうふう》は朝《あした》を終えず　23章77頁
牝《ひん》は常に静かなるを以て牡《ぼ》に勝つ
61章181頁
福は禍の伏する所なり　58章173頁
不言《ふげん》の教え　2章22頁,43章136頁
不肖　67章197頁
不善人なる者は善人の資なり　27章88頁
不道は早く已《や》む　30章97頁,55章164頁
兵なる者は不祥の器なり　31章100頁

兵は強ければ則ち勝たず　76章217頁
病《へい》を病《へい》とす　71章207頁
法令滋《ます》ます彰《あら》われ盗賊有ること多し
　57章170頁
欲せざるを欲す　64章190頁

ま

曲がれるは則ち全し　22章74頁
牖《まど》を闚《うかが》わずして天道を見る　47章144頁
学ばざるを学ぶ　64章190頁
自ら見る者は明らかならず　24章80頁
見ずして名《あか》るし　47章144頁
道之《これ》を生じ徳之を畜《やしな》う　51章153頁
道なる者は万物の奥《おう》なり　62章183頁
道に従事する者　23章77頁
道は一を生ず　42章133頁
道は隠れて名無し　41章130頁
道は自然に法《のっと》る　25章82頁
道は大なり、天は大なり、地は大なり、
　王も亦た大なり　25章82頁
道は常にありて無名なり　32章103頁
道は常に無為にして而も為さざるは無し
　37章114頁
道を失いて而る後に徳あり
　38章119頁
道を為すは日に損ず　48章146頁
身を以て身を観る　54章161頁
無為にして而も為さざるは無し
　48章146頁
無為の益　43章136頁
無為の事　2章22頁
無為を為す　3章25頁,63章186頁
無事《むじ》を事とす　63章186頁
無事を以て天下を取る　57章170頁
無知無欲　3章25頁
無物《むぶつ》に復帰す　14章52頁
無味《むみ》を味わう　63章186頁
無名《むめい》の樸《あらき》　37章114頁
明道《めいどう》は昧《くら》きが若し　41章129頁
命《めい》に復す　16章58頁
召さずして自《おのずか》ら来る　73章211頁
物有り混成す　25章82頁
物壮《さか》んなれば則ち老ゆ
　30章97頁,55章164頁

や

蔽《やぶ》れて新成せず　15章55頁
有は無より生ず　40章127頁
要妙《ようみょう》　27章88頁
善き者は果たすのみ　30章97頁
善く戦う者は怒らず　68章200頁
善く行くものは轍迹《てっせき》無し　27章88頁
弱き者は道の用なり　40章127頁

ら

六親《りくしん》和せずして孝子有り　18章63頁
隣国相い望む　80章226頁
礼なる者は忠信の薄きなり
　38章120頁

わ

吾《わ》が言は甚だ知り易し　70章205頁
私《わたくし》を少《すく》なくし欲《よく》を寡《すく》なくす　19章65頁
我《われ》は独り悶悶たり　20章67頁
我は無為にして民自《おのずか》ら化す　57章170頁
我を知る者は希《まれ》なり　70章205頁

索引（事項）

・井筒が英訳で大文字を用いて示し、本書では〈　〉で示した術語を選出した。

あ

一《いつ》 One　43, 53, 75, 124
海 Ocean; Sea　104–105, 195
永遠 Eternal　157
終わり End　73, 132
陰 Yin　134 → 陽 Yang

か

かたち Shape　53
神 God　30
河 → 大河；（大いなる）河 (Great) River
完全な人 Perfect Man　9
起源 Origin　105
脅威 Awful　209
虚性《きょせい》 (śūnyatā) Voidness　5
空《くう》 (śūnya) Void　5
空性 (śūnyatā) Emptiness　5
子 Child　156–157
根源 Urgrund　8, 44

さ

師；師匠（老子）Master　4, 6
自己 Self　11–12, 36, 51, 138–139
自然 Nature　9, 11, 24, 115
執行人 Executioner　213–214
小《しょう》 Small　109
真実 Reality　8, 12, 72, 132, 165
神秘 Mystery　20–21
神秘なるもの Mysterious　169
真理 Truth　3
精神 Spirit　72
聖典 Sacred Book　3
像 Image　29–30, 53, 72, 110–111
創造主 Creator　81
像無きもの Imageless　111
存在 Being　34 → 有《ゆう》 Being

た

大《だい》 Great　109
大河；（大いなる）河　(Great) River
104–105, 195

谷の霊 Valley–Spirit　33
智慧 Wisdom　4
力 Energy　72
常 Unchanging　59
帝王 Emperor　29–30
天 Heaven　8, 41, 59–60, 76, 81, 176–177, 199, 201, 212, 214, 220, 225, 230
天帝 heavenly Emperor　30
天命 Heavenly Command　59
動物 Animal　34
東洋の無 Oriental Nothingness　6
徳 Virtue　8, 43, 78–79, 92, 153–155, 163, 165, 177–178

な

名 Name　8, 19–21, 72–73
名有るもの Named　20
無いこと Nothing　5, 21
名無きもの Nameless　8, 20 → 無名 Nameless
何か Something　11, 29, 53, 72, 81, 83–84
根 Root　33, 59,

は

始まり Beginning　73, 132, 156
母 Mother　34, 69–70, 73, 83, 156–157

ま

道 Way　3–5, 8–9, 19–21, 28–30, 34, 36, 38, 43–44, 54, 56–57, 60, 63, 66, 70, 72–73, 78–79, 81, 83–85, 92–93, 98, 101–105, 107–108, 111–112, 114–115, 121–122, 127–128, 130–132, 134–135, 142, 146, 152–155, 158, 160, 163, 166, 176–177, 179, 184–185, 192–194, 198, 208, 214, 220
無 Non–Being　20–21, 45, 53, 127, 214
無分節 Undetermined　9
無名 Nameless　8–9, 11, 104 → 名無きもの Nameless
牝 Female　33–34, 182

や

有《ゆう》 Being　4, 8, 11–12, 20–21, 34, 45, 93, 127, 135 → 存在 Being
陽 Yang　134

ら

理 Reason　90

著者
井筒俊彦（いづつ　としひこ）
1914年、東京都生まれ。1949年、慶應義塾大学文学部で講義「言語学概論」を開始、他にもギリシャ語、ギリシャ哲学、ロシア文学などの授業を担当した。『アラビア思想史』『神秘哲学』や『コーラン』の翻訳、英文処女著作 *Language and Magic* などを発表。
1959年から海外に拠点を移しマギル大学やイラン王立哲学アカデミーで研究に従事、エラノス会議などで精力的に講演活動も行った。この時期は英文で研究書の執筆に専念し、*God and Man in the Koran, The Concept of Belief in Islamic Theology, Sufism and Taoism* などを刊行。
1979年、日本に帰国してからは、日本語による著作や論文の執筆に勤しみ、『イスラーム文化』『意識と本質』などの代表作を発表した。93年、死去。『井筒俊彦全集』（全12巻、別巻1、2013年–2016年）。

訳者
古勝隆一（こがち　りゅういち）
京都大学人文科学研究所准教授。専攻は中国古典学。代表著作に『中国中古の学術』（研文出版、2006年）など。

井筒俊彦英文著作翻訳コレクション
老子道徳経

2017年4月28日　初版第1刷発行

著　者————井筒俊彦
訳　者————古勝隆一
発行者————古屋正博
発行所————慶應義塾大学出版会株式会社
〒108-8346　東京都港区三田2-19-30
TEL〔編集部〕03-3451-0931
〔営業部〕03-3451-3584〈ご注文〉
〔　〃　〕03-3451-6926
FAX〔営業部〕03-3451-3122
振替　00190-8-155497
http://www.keio-up.co.jp/
装　丁————中垣信夫＋中垣　呉［中垣デザイン事務所］
印刷・製本——萩原印刷株式会社
カバー印刷——株式会社太平印刷社

©2017 Toyoko Izutsu, Ryuichi Kogachi
Printed in Japan ISBN978-4-7664-2415-7

慶應義塾大学出版会

井筒俊彦英文著作翻訳コレクション 全7巻［全8冊］

1950年代から80年代にかけて井筒俊彦が海外読者に向けて著し、今日でも世界で読み継がれ、各国語への翻訳が進む英文代表著作（全7巻［全8冊］）を、本邦初訳で日本の読者に提供する。

本翻訳コレクション刊行により日本語では著作をほとんど発表しなかった井筒思想「中期」における思索が明かされ、『井筒俊彦全集』（12巻・別巻1）と併せて井筒哲学の全体像が完成する。

最新の研究に基づいた精密な校訂作業を行い、原文に忠実かつ読みやすい日本語に翻訳。読者の理解を助ける解説、索引付き。

■**老子道徳経** 古勝隆一 訳 ◎3,800円

クルアーンにおける神と人間
――クルアーンの世界観の意味論
鎌田繁 監訳／仁子寿晴 訳 ◎5,800円

存在の概念と実在 鎌田繁 監訳／仁子寿晴 訳

言語と呪術――発話の呪術的機能の研究
安藤礼二訳

イスラーム神学における信の構造
――イーマーンとイスラームの意味論的分析
鎌田繁 監訳／仁子寿晴・橋爪烈 訳

エラノス会議――東洋哲学講演集
澤井義次 監訳／金子奈央・古勝隆一・西川玲 訳

スーフィズムと老荘思想（上・下） 仁子寿晴 訳

■の巻は既刊です。
表示価格は刊行時の本体価格（税別）です。

慶應義塾大学出版会

世界で読み継がれ、各国語に翻訳されている井筒俊彦の英文著作。

Language and Magic:
Studies in the Magical Function of Speech

井筒俊彦著　1956年に、慶應義塾大学言語文化研究所から刊行された、井筒俊彦英文初女著作を、精確な校訂作業を経て、索引を付して復刊。言語の持つ魔術的要素という問題に世界的言語哲学者が挑む。　◎4,200円

The Structure of Oriental Philosophy:
Collected Papers of the Eranos Conference vol. I

井筒俊彦著　井筒俊彦がエラノス会議で行った伝説的名講義、全12講義を全2巻に収録。Volume Iには、1967〜1974年の間に行われた6講演を収録。
(Hardcover版)◎5,000円／(Paperback版)◎3,800円

The Structure of Oriental Philosophy:
Collected Papers of the Eranos Conference vol. II

井筒俊彦著　井筒俊彦がエラノス会議で行った伝説的名講義、全12講義を全2巻に収録。Volume IIには、1975〜1982年の間に行われた6講演を収録。
(Hardcover版)◎4,500円／(Paperback版)◎3,200円

God and Man in the Koran:
Semantics of the Koranic Weltanschauung

井筒俊彦著　1964年に発表された井筒俊彦の代表的英文著作。イスラームの聖典『コーラン』に示されている、創造主である神と被造物たる人との関係を分析するコーラン論。井筒著作を特徴づける、意味論的方法およびオリジナルなテクスト読みが顕著な一冊。　◎6,400円

The Concept of Belief in Islamic Theology:
A Semantic Analysis of *Īmān* and *Islām*

井筒俊彦著　イスラーム神学において、信仰の概念がいかにして生まれ、理論的に完成していったのか、その過程を詳述する、コーラン論の名著。信仰の概念とそれに関連する諸鍵概念を意味論的に分析し、それらが織りなす概念的なネットワークを叙述する。　◎6,400円

表示価格は刊行時の本体価格(税別)です。

慶應義塾大学出版会

井筒俊彦全集　全12巻＋別巻1

井筒俊彦が日本語で執筆したすべての著作を、執筆・発表年順に収録する初の本格的全集。

四六版／上製函入／各巻450-700頁　本体6,000円-7,800円（税別）
刊行：2013年9月-2016年8月完結

第一巻	アラビア哲学	1935年～1948年	◎6,000円
第二巻	神秘哲学	1949年～1951年	◎6,800円
第三巻	ロシア的人間	1951年～1953年	◎6,800円
第四巻	イスラーム思想史	1954年～1975年	◎6,800円
第五巻	存在顕現の形而上学	1978年～1980年	◎6,800円
第六巻	意識と本質	1980年～1981年	◎6,000円
第七巻	イスラーム文化	1981年～1983年	◎7,800円
第八巻	意味の深みへ	1983年～1985年	◎6,000円
第九巻	コスモスとアンチコスモス 講演音声CD付き（「コスモスとアンティ・コスモス」）	1985年～1989年	◎7,000円
第十巻	意識の形而上学	1987年～1993年	◎7,800円
第十一巻	意味の構造	1992年	◎5,800円
第十二巻	アラビア語入門		◎7,800円
別　巻	未発表原稿・補遺・著作目録・年譜・総索引 講演音声CD付き（「言語哲学としての真言」）		◎7,200円

表示価格は刊行時の本体価格（税別）です。

慶應義塾大学出版会

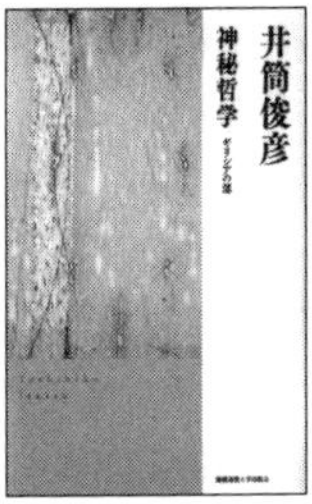

神秘哲学 ギリシアの部

井筒俊彦著　著者自らが〈思想的原点〉と言った初期の代表的著作を復刊。密儀宗教時代、プラトン、アリストテレス、プロティノスに神秘哲学の奥義を読み解く。『神秘哲學―ギリシアの部』（哲學修道院、1949 年）を底本とした。　◎5,800円

アラビア哲学 回教哲学

井筒俊彦著　初期イスラーム思想（哲学史）の発展史の大綱を辿ったもの。神秘主義的思索を特徴とするギリシア由来の哲学は、イスラームの土壌においていかなる発展を遂げたのか。　◎3,800円

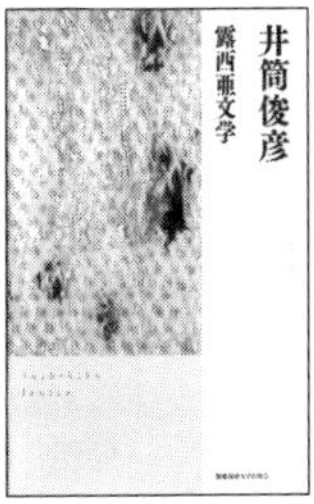

露西亜文学

井筒俊彦著　ロシア的精神の根源を探る。19世紀ロシアの終末論的な文学作品に、人間存在の原始的自然性への探究をみる、卓越したロシア文学論。近年まで存在すら知られていなかった作品、「ロシアの内面的生活」を附録として付す。　◎3,800円

表示価格は刊行時の本体価格（税別）です。

慶應義塾大学出版会

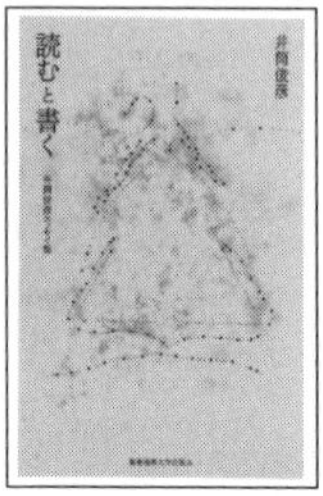

読むと書く　井筒俊彦エッセイ集

井筒俊彦著／若松英輔編　井筒俊彦著作集未収録の 70篇をテーマごとに編集した待望の書。世界的な言語哲学の権威である著者のコトバ論、詩論、イスラーム論、生い立ちや豊かな人間交流について知ることのできる、井筒俊彦入門に最適の一冊。　◎5,800円

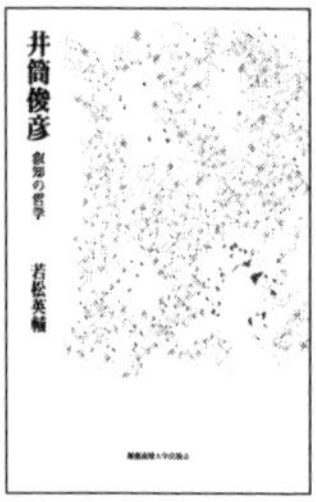

井筒俊彦　叡知の哲学

若松英輔著　少年期の禅的修道を原点に、「東洋哲学」に新たな地平を拓いた井筒俊彦の境涯と思想潮流を、同時代人と交差させ、鮮烈な筆致で描き出す清新な一冊。井筒俊彦年譜つき。　◎3,400円

叡知の詩学
小林秀雄と井筒俊彦

若松英輔著　日本古典の思想性を「詩」の言葉で論じた小林秀雄――。古今・新古今の歌に日本の哲学を見出した井筒俊彦――。二人の巨人を交差させ、詩と哲学の不可分性に光をあてる、清廉な一冊。第2回西脇順三郎学術賞受賞。　◎2,000円

表示価格は刊行時の本体価格(税別)です。